溢出

中国制造未来史

施展 / 著

中信出版集团 | 北京

图书在版编目（CIP）数据

溢出：中国制造未来史 / 施展著 . -- 北京：中信出版社，2020.1（2025. 8重印）
ISBN 978-7-5217-1348-0

Ⅰ. ①溢… Ⅱ. ①施… Ⅲ. ①制造工业－经济发展－研究－中国 Ⅳ. ① F426.4

中国版本图书馆 CIP 数据核字（2019）第 287293 号

溢出——中国制造未来史

著　　者：施　展
出版发行：中信出版集团股份有限公司
（北京市朝阳区东三环北路 27 号嘉铭中心　邮编　100020）
承 印 者：北京通州皇家印刷厂

开　　本：880mm × 1230mm　1/32　　印　　张：11　　字　　数：226 千字
版　　次：2020 年 1 月第 1 版　　印　　次：2025 年 8 月第10次印刷
书　　号：ISBN 978-7-5217-1348-0
定　　价：69.00 元

献给

所有在压抑中不甘沉沦的心灵

目录

前　言

2018 年中期以来，中美两国之间发生了大规模的贸易摩擦。实际上，我在于 2018 年元旦发布的新书《枢纽》中就已经谈到这种可能性了。[1]

我在《枢纽》下篇讨论中国与世界经济关系的部分提出，中国的经济成长系基于西方最新一轮创新经济的拉动，其间一系列结构性的特征，使得在不出现实质性技术变迁的前提下，全球中低端制造业向中国的转移是终局性的。因此，中国的经济成长带来了全球经贸结构的深刻变迁，从沃勒斯坦所说的“中心 – 外围”结构变为一种“双循环”结构，中国的制造业成为一个中介性的“枢纽”，衔接起西方发达国家的创新产业及高端服务业与不发达

1　我在书中援引了前 IMF（国际货币基金组织）首席经济学家拉格拉迈·拉詹的观点，当然，我本人是高度认同这种观点的，它与我整体的解释框架非常契合。“消费着中国产品输出的诸多国家，通过向中国融资来获得消费力，但这种经济过程背后并没有稳定的政治基础，以便治理在此过程中形成的失衡，以至国际社会在经济上丧失对中国产品的购买能力之前，可能会先丧失掉对中国出口的政治容忍度。目前的全球需求模式在金融和环境上不可持续，而由于对长远问题的思考不足，各国的国内政策眼下又难以改变，世界正被夹在这中间，左右为难。”参见施展：《枢纽》，广西师范大学出版社 2018 年版，第 573—574 页。

国家的原材料产业。这种结构变迁会引发全球秩序以及其他国家内部的一系列不均衡，从而吁求一系列治理秩序变革。如果变革不能向前推进，便有可能引发贸易摩擦。

未料到，《枢纽》一书出版不到半年，大规模的贸易摩擦就真的出现了，并且规模迅速升级到超出所有人想象的程度。一时间，网上满是中国制造业面临贸易摩擦的严重冲击，大量制造业工厂正在向海外尤其是越南大规模转移的消息，中国经济似乎正面临重大危机。很多人质疑我在《枢纽》中的说法，认为现实已经狠狠地驳斥了这本书。

从纯粹的理论分析来看，我认为这种大规模转移不大可能。因为我所论证的支撑中国供应链网络的很多条件并未因贸易摩擦遭遇实质性挑战，海外也没有哪个国家有条件承接中国如此大规模的供应链网络转移。而在今天的全球经济逻辑之下，仅仅转移工厂而不转移供应链网络，是构不成实质意义上的转移的。但是这种理论分析倘若没有足够的实证研究支撑，说服力仍然有限。

于是，在 2019 年，我与研究团队的伙伴们一起从北到南对越南做了深入调研。我们跑了河内、海防、胡志明 3 个大城市，以及分布在北方和南方的 3 个主要工业省份，拜访了 4 个工业园、日本国际贸易促进会派驻越南河内和胡志明两个城市的分会，又采访了河内的 1 家律师事务所、7 家在越南的中国商会。我们还拜访了从高科技到低科技横跨多种产业、从跨国大公司到地方小工厂横跨多种规模的近 20 家企业，若干位越南工人及越南经理层，以及几十位在越南打拼的中国人。此外，我们还采访了越南的政府基层官员、两所大学中的多位学者，甚至在一家中餐馆吃饭时，遇到的一位会说流利中文的越南老板娘都成了我们了解越南民情的访谈对象。

在去越南之前，我们先在长三角和珠三角对中国企业做了深入调研，以便获得必要的预备知识；从越南回来之后，基于新获得的信息，我们又逆向回溯到国内的供应链网络上游，到珠三角以及广西中越口岸地区做了深入调研。

大半年的深入调研以及与研究团队伙伴们的反复讨论，让我有了巨大的收获。调研基本验证了我在《枢纽》中提出的“枢纽”“双循环”结构的假说，同时让我能够对假说做出重要的迭代升级，把很多思考向前推进了很远。田野调研不仅让我对经济活动的微观机理有了更加深刻的理解，还让我发现了很多以前根本不知道的存在。

基于调研形成的理论收获，可以总结为如下 4 点。

第一，制造业向越南的所谓“转移”，实际上是中国供应链的“溢出”，在可预见的未来，这一事实不会发生实质性变化。

在越南和珠三角的调研告诉我们，从中国向越南转移的，并不是某些行业中的整个产业，而是该产业生产流程中的某些特定环节，主要是对供应链需求较低、人工成本占比较高的环节，[1]通常是最终的组装环节。其他环节很难转移出去，仍然留在中国的供应链网络中。结果就是，生产流程中的某些特定环节往越南转移得越多，对中国这边供应链的需求就越大，以中国和越南为代表的东南亚之间从而形成了一种深度的嵌合关系。这样一种转移，还是称之为“溢出”更恰当一些。我们在新闻中经常看到，伴随着贸易摩擦，越南对美国出口有了大幅增长，中国对美国出口有了大幅下跌，但很少有人注意到在这个过程中中国对越南出口的大幅增长。在新的生产逻辑下，过往理解问题的很多方式都得加以调整。

第二，能够转移的环节，和通常所说的高技术产业还是低技术产业没有关系，而是和不同梯次工业革命所出现的产业有关系。

和通常说的产业本身的技术水平高低无关的最根本原因在于，今天各国之间已经是在工序层面的跨国分工，复杂产品很少能在单一国家或地区内部完成全部生产环节。高技术产业的生产环节中不都是高技术环节，其中的低技术环节如果符合第一点的条件，是有机会转移走的。

但是在转移过程中，不同梯次工业革命所出现的产业，其转移逻辑是不一样的。第二次工业革命形成的重化工业相当于工业

1 据在越南调研到的电器行业的多家企业反映，人工成本占比的临界点差不多是15%，超过这个数值，企业就会考虑寻找低人工成本的地方。但其他行业的临界点是否也是类似数值，调研中尚未得到确切的答案。

经济中的基础设施，由于一系列原因（详见书中内容），重化工业基本上终结在中国，无法向东南亚转移。第三次工业革命形成的电子产业，在可预见的未来，它所依托的最大规模供应链网络也会留在中国——毕竟其所依赖的经济基础设施在中国，但是电子产业中的组装环节会向越南等东南亚国家转移。转移出去的这些环节，会与中国的供应链网络保持深度的嵌合关系。第四次工业革命形成的信息技术产业，从它的核心技术创新和软件等方面来看，美国起着主导作用；从信息技术的硬件制造方面来看，这种制造是要通过电子产业完成的，中国加上东南亚会在其中起主导作用。

第三，推动中国供应链网络向东南亚溢出的真正力量，是中国民间的力量。中国的民间经济和社会带给我特别多意外的发现和感动。

我在调研中注意到，贸易摩擦越严重，民间经济就越努力加强自救。所谓自救，很多都是生产环节向海外尤其是向越南的转移，因为那些地方无须面临美国的高关税。但是，在转移的过程中，只有组装环节能够出去，其他环节仍然需要依托中国庞大的供应链网络。而中国供应链网络的活力，也来自民间经济。因此，贸易摩擦的结果是，中国的供应链网络会加速向海外扩展，但这一过程的主要动力来自民间。

至于向海外“走出去”的具体载体，在各种海外大项目之外，我们通常关注到的都是那些外出设厂的企业——不管是出于全球布局考虑而主动走出去的国际大公司，还是跟随大客户走出去的小供应商企业。但所有企业都是基于具体的“人”的活动才运转起来的，过去国内对于“人”的层面关注不够。

我们在越南的调研中发现了国内很少有人注意到的“中国干部”这个群体。所谓“中国干部”就是，无论什么“资”的企业（主要是台资），只要是把工厂从中国大陆迁到越南的，则中高层管理人员基本上都是从中国大陆来的，这群人自称“中国干部”，是个有几十万人的群体。中国干部是把中国的供应链网络与越南的组装环节衔接起来的重要微观载体，他们在打拼的过程中拥有了大量基于跨文化的调适能力而演化出的管理技巧，掌握了大量可实践但难传授的隐性知识，是具有巨大价值的海外智慧宝库。如此重要的群体居然在国内鲜为人知，期待我在书中的讨论能够引起国人对他们的关注。

第四，是“溢出”而非“转移”的根本原因在于，随着技术、公司组织形式以及生产逻辑的演化，经济空间和政治空间越发分离。经济空间以各种方式穿透国界存在，政治无法真正约束这种经济空间的运转。

信息技术天然地是穿透国界的，这个我们都很熟悉了。而制造业中的生产流程也越发成为一种跨国性的存在，这跟我们过去所熟悉的不一样了。过去我们认为，无论生产什么东西，生产过程中的大部分环节都是在一个国家内部完成的。但是在今天，就复杂产品而言，生产过程中的大部分环节是在几个国家中通过跨国配合完成的。倘若把一件复杂产品从元器件到最终产品的全生产流程所经历的物理空间称作生产流程所依托的经济空间，这种经济空间已经是高度穿透国界——也就是穿透政治空间的了。

从国内层面着眼，这带来了一个重要的变化，就是民间经济的运行逻辑和政府政策的逻辑越来越分离成两条线。政策对民间经济的影响机制，跟过去已经大不一样了。从国际层面着眼，这还会带来一个结果，就是以国家为单位来思考经济问题已经越来越没有意义了。而现在的各种国际经济治理秩序，比如 WTO（世界贸易组织）、IMF、世界银行，以及各种区域性国际经济组织，都是以国家为单位组织起来的，国际经济治理秩序在运转上也就越来越有问题。

世界必须找到新的治理办法，新办法的根基必须与新变化的动力基础相匹配。是经济活动穿透国界才带来了这些问题，但经济活动的基本单元并不是国家，而是商人，所以新的治理办法是需要由商人来主导的。回看历史，商人秩序曾经与政治秩序缠绕着共生演化，推动人类秩序不断发展，中世纪以德意志商人为主导的商人秩序——汉萨同盟就是个非常典型的例子。但是，到了近代的主权国家时代，政治秩序变得过于强大，商人秩序被政治秩序遮蔽了。而今天，随着技术和生产的变迁，商人秩序很可能走到了需要重新站到历史前台的时刻。我在书中做了个大胆的构想，就是构建“东亚汉萨同盟”，它标示着我对未来可能形成的秩序的某种构想。

贸易摩擦是一种很有趣的“极端”环境，它可以把很多平常状态下易变的、扰乱人视线的东西都拂去，底层不易改变、在更大程度上规定着演化方向的东西，会在这样的环境中逐渐浮现出来。

正是在这种“极端”环境下，我们可以发现民间经济正在“溢出”的强大动力；也是在这种“极端”环境下，我们会被促使着去构想未来新的秩序可能性。对未来所做的这种构想，需要我们有深远的历史感，因为，真正的历史感从来都是指向未来的。在实践的延长线上，这样的一种思想，就是最深刻的历史实践！

在调研回来后，跟朋友们讨论自己的思考的时候，有朋友提出一个意象，非常贴合我调研的感受，那就是——原力觉醒。“原力”是《星球大战》电影里的一个概念，指的是最底层的动力。原力觉醒，就是说长久沉默的最底层动力行将浮出水面。

在贸易摩擦的背景下，在当下动荡不堪的国际格局中，反倒更容易看清——在今天，中国与世界经济关系中真正的“原力”，就是商人秩序的力量。这个“原力”一直存在，但长期沉潜，久未获得自觉。到了今天，技术和生产的演化很可能会把它推到历史的前台，“原力”应当“觉醒”，“原力”也必须“觉醒”。

施展

2019冬至夜，于北京

第一章

『这叫《天鹅湖》』

— 青春期心灵的颤抖 —

多年以后，来到中央音乐学院读大学的徐小平站在学校演奏厅里，听到耳边响起那段他已经烂熟于心却始终不知道名字的音乐，还是会想起在家乡泰兴镇那个昏暗的夜晚。

那是在1974年的“文革”时期，刚刚进入青年时代的徐小平在长江边上的泰兴镇彷徨着。八个样板戏、一身绿军装，日复一日地喊口号，徐小平本能地觉得人生不该是这个样子，但也说不清自己想要追求的到底是什么，只能感受着没来由的苦闷。即便家里有人是镇上的领导，他算是个地方的“小贵族”，能够经常看到报纸了解国家大事；即便凭借着跟表姐学到的拉手风琴的手艺，他成功进入了新组建的泰兴文工团，不用上山下乡——处境看上去比同学们好不少，但从整体上来说，他仍然面对着一种几近沙漠的文化生态。对于徐小平这样有着强烈精神渴求的年轻人来说，这种生活虽不算残酷，却也无法忍受。

在徐小平加入文工团的第一个春天，3 月的泰兴乍暖还寒，苦闷的他在晚饭后来到朋友的房间里。一个拉小提琴的高大身影，就着 20 世纪 70 年代特有的昏黄灯光，毫无预兆地闯入了他的世界。一并闯入的，还有贝多芬的《G 大调小步舞曲》。

已经是著名投资人的徐小平，坐在我对面回忆几十年前的那一刻所受到的精神冲击时，仍然抑制不住激动，动情地描述着深深刻在脑海中的各种细节。“他身材高大，1 米 85，是个快 200 斤的大胖子，眯着眼睛，耸着肩膀，伴随着旋律，他身体上的每一块肌肉都在抖动，音乐似乎从他的每一个毛孔中迸发而出。”那一刻的震撼太过强烈，徐小平感受到一种前所未有的“青春期心灵的颤抖”。他说：“我后来到音乐学院听过无数遍各种版本的《小步舞曲》，这是古典音乐的入门曲之一。但我再也无法感受到那种青春期心灵的颤抖，无法感受到何彬用琴弦阐述的贝多芬的灵魂。”

何彬就是在房间里拉小提琴的高大男人，他当时因为“右派”身份被下放泰兴镇，担任泰兴文工团的指导老师。此前的何彬可是中国音乐界响当当的大人物。他曾是北京新闻电影制片厂乐团民乐队队长，是电影《铁道游击队》主题曲《西边的太阳快要落山了》的词作者之一，是歌曲《东方红》的词作者之一，也是中国顶级的弦乐演奏家。这样一位才华横溢的人物，此时正困居在泰兴镇的一个小屋里，满腔的抱负与愤懑，从琴弦上倾泻而下，柔和的旋律中充溢着巨大的力量。这样一种力量，确实会让徐小平感受到灵魂的颤抖，因为那时的何彬与贝多芬对他来说，已经不只是老师和音乐了，而是渴求太久的一片绿洲。

正是这一晚的震撼，让徐小平找到了慰藉自己灵魂的良药，也让他开始窥见古典音乐的堂奥。之后，他通过各种办法搞到一些黑胶唱片，在家里反反复复地听，感受古典音乐之美。唱片中的很多旋律徐小平都已烂熟于心，但遗憾的是，唱片封面上都是俄文，他一个字都不认识，也就一直不知道这些音乐都叫什么名字。直到若干年后恢复高考，徐小平有机会就读中央音乐学院，在演奏厅里再次听到那熟悉的旋律时，他问身边的人："这首曲子叫什么呀？""这叫《天鹅湖》。"

多年前的徐小平还不知道，就是这个叫何彬的男人，开启了泰兴下辖的溪桥乡[1]作为世界提琴之都的序曲。当时的何彬像一颗孤独的星星，在小镇上给徐小平、张明、赵晋成等文工团中的一众青年人照亮了精神绿洲，并让他们在多年后找到了各自事业的成功之路。40年后，这个小镇拥有各类提琴生产企业共220多家，年产各类提琴产品70万把，提琴产量占中国市场份额的

1 1969年时建溪桥公社，1983年改乡，1998年改镇。2007年，溪桥镇与南沙镇合并成立新的溪桥镇。2010年3月，溪桥镇被撤销，与原刘陈镇、黄桥镇合并成立新的黄桥镇。本书统一用溪桥乡指代此地。

70%，占世界市场份额的 30%。

溪桥乡也因此成为改革开放以来中国经济成长奇迹的缩影。折射出中国人在困顿处境中的生存挣扎与精神追求，初露生机后企业家精神的野蛮生长，国家政策的宏观效应，全球秩序的格局演化，乃至海外华人网络的经济意义……地缘、业缘、血缘等各种要素的耦合及其对于经济的交错影响，都掩映其中，促人深思。

但故事的起点实际上比何彬要早得多。[1]

泰兴市（1992 年之前叫泰兴县）是江苏省中部泰州市下辖的县级市，地处长江北岸，临近上海、南京，是苏中的门户，也是今天江苏省直管县的三个试点之一。在 20 世纪六七十年代，泰兴县下辖泰兴、黄桥、溪桥在内的 12 个乡镇，其中泰兴镇是县政府所在地，溪桥乡位于泰兴镇以东 20 公里，黄桥镇位于溪桥乡以东 2 公里。

泰兴号称“木匠之乡”，历史上当地人就有学木匠手艺外出务工的传统。在改革开放前，人们不能自由迁徙，仍有 2 万多泰兴

1 徐小平先生推荐了他当年的好友，与他一起作为第一批被何彬招进泰兴文工团的学员张明（现为泰兴市音乐家协会副主席）、赵晋成（泰兴市晋成琴行创始人）两位先生，我们在泰兴调研时，他们接待了我们，并为我们介绍了很多相关的采访对象，包括何彬当年的好友吴曾荫先生、黄桥乐器产业园管委会办公室主任钱富民先生、文化学者丁沛先生、泰兴琴艺乐器公司创始人吴建新先生、凤音提琴厂创始人丁克处先生、大台提琴制造有限公司的创始人台德成先生（丁克处和台德成两位的厂子，准确地说是小提琴作坊。能开作坊的都是高手，因为他们不雇用工人，整个琴的制造工序都由一个人或一个家庭独立完成），以及后文有大篇幅介绍的凤灵集团董事长李书先生等很多人。后面关于泰兴小提琴业的讨论，非常得益于以上诸位的帮助。

人分布在全国各地做木匠。在20世纪前半段，对泰兴人来说，外出务工的首选肯定是上海。有一些泰兴木匠就在上海学习制作小提琴——小提琴对于木匠手艺的要求很高，他们学起来还算得心应手。在新中国成立后，上海陆续成立了一些提琴厂，其中比较大的一家叫作仙乐提琴厂，后来改名上海提琴厂。这些泰兴木匠成了其中的提琴制作师傅。

1962年，“三年困难时期”刚刚结束，城市在大饥荒之后也无法养活那么多工人。于是，国家在全国范围实行精简职工的政策，把很多工人下放回原籍的农村。上海提琴厂也下放了一些熟练工人回乡，在江苏一共下放了6个人，其中有2人是泰兴溪桥公社[1]的，他们是殷平一、殷伯长。

由于离开农村太久，这些人对农活已经非常生疏，无法再靠务农养活自己。于是，殷平一和殷伯长就不断地返回上海提琴厂讨生活。经过多年努力，上海提琴厂勉强答应，让他们在原籍帮提琴厂做小提琴配件。殷平一擅长做琴头，0.5元一个，殷伯长擅长做琴弓，1.1元一把，原料由厂方提供，产品也由提琴厂包销。听说这两个人有了饭吃，下放江苏的另外几个人也去找上海提琴厂，提琴厂索性让他们都到溪桥公社去做配件。

于是，1968年，原本以烧窑为主的溪桥公社综合厂以这6个人为基础，成立了一个乐器组。这里是木匠之乡，乐器组很容易

1 1958年“大跃进”之后，农村的基层行政单位普遍改成了人民公社。

就招到了一些学徒。到了 1970 年，乐器组已发展到 20 多人，年产值达到 3 万元。世界提琴之都的胚芽就在这个砖窑厂里萌发了。

1971 年，乐器组从砖窑厂里独立出来，正式挂牌成为泰兴县溪桥公社乐器厂（下文简称“溪桥乐器厂”），但主要业务仍然是给上海提琴厂做配件，自己并不能生产一把完整的小提琴。这倒不是因为溪桥乐器厂不具备生产整琴的能力，实际上，以厂里师傅们的能力，做一把整琴是绰绰有余的。但在计划经济的时代，国家没有把制作整琴的计划发给你，就没有相应的原料下拨给你。巧妇难为无米之炊，他们只能服从国家安排，继续做配件。

但厂里的师傅们很不甘心，总想着要做整琴出来。上海提琴厂负责向溪桥乐器厂调拨原料的负责人，是新中国成立前从溪桥乡走出去、在上海学会制作提琴手艺的。他很想帮溪桥同乡一把，便想办法在上海提琴厂剩下不用的可以做整琴的次品料当中挤出了一些，随同其他计划内的原料一并发了过去。手巧的师傅们，就用这些次品料，做出了一把完整的小提琴。不过行家一眼就能看出来，这把提琴的质量非常低劣——问题不在于师傅们的手艺不行，而是原料太差。

但他们不知道，一位顶尖高手即将来到厂里，那就是何彬。

何彬此时已经郁郁不得志很多年了。他在 1958 年被划为“右派”，被解送到黑龙江八五三农场接受改造；1964 年，一场“清思想、清政治、清组织和清经济”的“四清运动”使何彬在黑龙江农场都待不下去了，他彻底失去了工作籍，以游民身份回到了上海家里；1967 年 8 月，在“我们也有两只手，不在城里吃闲饭”的号召下，何彬再一次被下放，回到了泰兴县黄桥镇老家。1973 年，是何彬被下放回乡的第 6 年。他被安排在溪桥以北的元竹乡张岔大队务农已有多年，但不谙农活，也挣不出工分，只能靠朋友私下接济生活。这期间，何彬也曾因为知名音乐家的身份多次被“上面”借调，光是为泰兴县就创作了 10 多部音乐作品。但借调完之后，他还是被发回乡下继续务农。

在极度压抑的环境中，何彬借钓鱼解闷，却意外地结识了一位钓友朱德忠。朱德忠是溪桥乐器厂的第一任厂长，在知道了何彬显赫的音乐背景之后，立刻把何彬请到厂里来担任艺术指导。

何彬非凡的才华很快就得到了展现的机会。

1973 年下半年，苏州举办了一场全国性的提琴制作比赛，何彬拿着溪桥乐器厂用次品料做出的那把提琴来到赛场。这把琴的外观看上去寒碜得不行，也没有资格参赛，幸好大赛的评委会主席是何彬当年在上海的老友。在何彬的苦苦哀求下，赛会专家们勉强给了个面子，这把次品料琴才有机会被演奏了一下。

何彬毕竟是何彬，缺的只是机会。经过他精心调试的这把次品料琴，一经试奏，技惊四座，引起了轰动。人们纷纷打听这把琴是哪里生产的，此前寂寂无名的溪桥乐器厂一下子进入了人们的视野。乐器厂终于获得了生产整琴的资格，还有了属于自己的提琴品牌——向阳牌。

困顿处境中，师傅们的生存挣扎与何彬的精神挣扎，以一种出乎所有人意料的方式发生碰撞，激发出耀眼的火花！

在这种种不甘的挣扎中涌动着的是被压制许久的精神力量，是后来中国经济能够成长的必要基础。如果没有强烈的向上的精神动力，中国经济成长的效率是很难被期待的。我们不应感谢那种压制，但我们应该感谢那些经受压制仍不甘挫败的心灵。

— 企业家的野蛮生长 —

然而，耀眼的火花是短暂的。

1978 年，何彬的“右派”身份被“摘帽”，他离开了泰兴，被任命为哈尔滨歌剧院副院长兼艺术指导。1983 年，何彬回到上海，任上海民族乐团团长。何彬离开泰兴后的活动便不再与溪桥乐器厂有直接关联。

而此时的溪桥乐器厂正处在风雨飘摇之中。虽然获得了生产整琴的资格，但工厂的运转举步维艰。最大的问题不在于生产提琴的技术，毕竟老师傅们的手艺没得说。问题在于，工厂的管理一塌糊涂。

溪桥乐器厂虽然有过高光时刻，但那时太依赖于何彬的个人能力，从根本上来说，它还是个乡镇企业。工厂就建在村里，里面的员工实际上都是农民，只不过获得了一个工人的身份，但远不是真正意义上的产业工人。这些人仍然处在农村的生活空间中，保有以前的行为习惯，而且没有见过城市工厂中那种规范化的工作方式，也就无法按照产业工人式的纪律被管理。

而且，乡村中的宗族矛盾延续到了厂里，厂内派系斗争严重，厂长本身也受制于派系，难以管理工厂。厂里出了问题，最常见的解决方式就是打架，甚至工人打厂长都不是新鲜事。方圆10公里内就没人愿意去乐器厂当厂长，勉为其难上任的厂长基本上都干不到一年。连曾在当地统领过6000多人的“造反派司令”被派来当厂长，只干了不到半年，就被打了若干次。最终被迫落荒而逃，并痛陈“我宁可回家拾大粪，也不在这里当厂长了”。

但即便如此，在计划经济时代，曾经的高光时刻也足以让它活下去。可是到了改革开放之后，市场调节的作用逐渐受到重视。1980年2月7日《人民日报》发表评论《重视市场调节的作用》，文章强调：社队企业要发展，就必须在生产和经营上实行计划调节与市场调节相结合，充分重视市场调节的作用。这是中国大陆第一次公开肯定市场调节的作用，并且是在社队企业（乡镇企业）这个层次上提出的。[1]这样看来，溪桥乐器厂注定是会被淘汰的。

除非，能有一个真正的企业家出现，挽狂澜于既倒，把它改造成一个真正的现代企业。

这个真正的企业家居然真就出现了，他叫李书。

---

1 中国经济体制改革研究会编写组：《中国改革开放大事记（1978—2008）》，中国财政经济出版社2008年版，第30页。

讲到这里，得解释一下何谓“企业家”。企业家和职业经理人经常会被当成一回事儿，但我们一定得对他们做出区分。职业经理人的职能在于，在给定的目标与规范下，让企业保持良好的运转；企业家的职能则在于，勇于冒险，通过自己的“创造性破坏”，突破旧有的目标与规范，创造新的目标与规范，在质的层面刺激出真正的发展，而不是仅仅在量的层面简单扩大。

企业家“创造性破坏”这一特征，是由美籍奥地利经济学家熊彼特率先提出的。熊彼特认为，企业家要作为创新过程的组织者和创始者，创造性地打破市场均衡，形成获取超额利润的机会。市场经济就是要创造并进而破坏既有的经济结构，这个创造和破坏的过程主要不是通过价格竞争，而是依靠创新竞争实现的。[1]

但要做到这种创造性破坏，实际上是很难的。任何人在行动的时候，对于过往的成功都有着相当程度的路径依赖。这是因为，既有的路径让人能够以更加稳定可预期的方式继续获得成功。但是，这会让人没有能力去创造新的东西，没有能力去回应大的挑战，从而限定了发展的上限。

真正的企业家要做的，就是破坏过去的成功路径留下的行为规范，敢于冒险，承担巨大的风险与不确定性，创造出一个激动人心的新愿景，并在此过程中对生产要素进行各种全新的组合。但在完成了创造性破坏之后，必须形成新的规范，才能把创新的

1　参见［美］约瑟夫·熊彼特：《经济发展理论》，何畏、易家详译，商务印书馆 1990 年版。

成果有效地保留下来。在新规范形成的过程中，职业经理人就会参与进来，去落实新的规范。也就是说，真正的企业家是敢于冒险进行创造性破坏、突破旧规范、形成新规范的人物，而职业经理人是让新规范能够真正发扬光大的一个职业性群体。

在这个意义上，熊彼特甚至认为，企业家是创新的主体，但企业家身份是一种稍纵即逝的状态。一个人由于创造性破坏而成为企业家，但是当他建立起企业，并开始按部就班地经营这个企业时，企业家的身份就消失了。所以，“创新”是判断企业家的唯一标准。至于什么才算创新，熊彼特划分出 5 种类型，分别是：（1）引进新产品；（2）引进新技术，即新的生产方式；（3）开辟新市场；（4）控制原材料或半制成品的新的供应来源；（5）实现企业新的组织形式。

完成这一系列关于“创新的指标”所需的勇气和想象力，我们都能在李书身上看到。可以说，正是基于他的努力，泰兴才能以溪桥乐器厂为基础，真正发展成世界提琴之都。

李书是 1980 年 7 月 31 日被任命为溪桥乐器厂厂长的，这时他已经在厂里工作了 7 年多。早在 1973 年 4 月，李书就进入了乐器厂，成为殷平一的徒弟。由于聪明能干又肯吃苦，李书逐渐受到重用。李书先是于 1978 年被提拔为厂供销科长，负责全厂的生产调度计划，又在两年后当上了厂长，开始了自己作为企业家的野蛮生长之路。

李书上任后做的第一件事，就是破除掉此前靠派系来维系、靠打架来均衡的企业管理模式。他上任当天就约法三章：第一，不能骂人，骂人的要道歉；第二，不能打架，打架的会被开除；第三，不能偷厂里东西，否则也会被开除。然后，他当场就停掉肆意骂人的车间主任的职，当晚又抓住 13 个偷厂里东西的工人，把他们全开除了。

上任伊始烧的这把大火迅速引起反弹。骂人、打架、偷厂里东西是多少年来大家都默认的做法，凭什么李书上台就要严管？受了惩罚的人纷纷去公社告状，公社领导则找李书谈话。李书提出，除非给他开除人的权力，否则这个厂长他就不当了。一想到乐器厂厂长这个烫手山芋没人接，公社便勉强同意了李书的条件。

李书一上任就打破了工厂持续多年的铁饭碗模式，还迅速整治了工厂混乱了多年的秩序。创造性破坏就从这里开始。

我问李书：“回顾当厂长这么多年来的经历，你觉得自己的管理改革当中，最重要的是哪些部分？”

他说：“20 世纪 80 年代所做的最重要工作之一，就是把厂里的员工训练成真正的工人。除了制定厂规厂纪之外，还逐渐制定了严格的企业生产质量标准，推行定额计件制，实施定额消耗制，等等。”

把传统社会的人改造成产业工人，对于建立现代工厂制度而言，是非常艰难又非常重要的一步。这一步背后还隐藏着很多让人不那么愉快的事实。

依照法国哲学家福柯的研究，在西方世界，这样的变化发生在17—18世纪。此前的西欧是庄园制的世界，通过把人固定在土地上，形成稳定的社会秩序。而在17、18世纪之后，有着严格生产纪律的工厂制逐渐替代了庄园制来控制社会。

让人不快的事实首先在于，无论在传统农业社会还是现代工业社会，个体实际上都是被规训的。这个社会学事实和法理上的自由、平等、博爱是并存的。但两种社会的规训方式有一个重要区别。

在传统农业社会，农耕是主要的生产方式。作物的生长是有自然的生物性节律的，它和人的生物性节律有着某种相关性，所以，传统农业社会对人的规训是潜移默化并且不让人感觉难受的。古人就吟咏过："日出而作，日入而息。凿井而饮，耕田而食。帝力于我何有哉！"当然，从原始的采集社会刚刚进入农业社会的时候，人们很可能也要经历很长时间的不太舒适的被规训的过程，但那种记忆早就消失几千年了。

而现代工业社会就不一样了，工业化的机器生产是主要的生产方式。机器生产不再受自然节律的限制，可以不停歇地运转，这和人的生物节律大大不同。再加上机器生产逐渐演化为流水线生产，生产中的环节被不断迭代得更加专门化。每个工人只需要完成生产中的特定环节，依照特定节奏做特定动作，配合整条流水线、配合机器就可以了。于是，现代工业社会对人的规训就成了：让人变成一颗螺丝钉，让人和机器贴合得更紧密。通过对人的姿势、习惯的训练和规范，乃至对人的思维方式、价值观念的改造，工业社会打造出足够有效率的产业工人，从而令工业生产的效率最大化。

这种规训在一开始是会让人感到非常不快的，以至资方不得不动用各种强力。福柯曾经展示过一张18世纪某工厂的作息表，它和当时监狱的作息表差不多。一个工人从起床到睡觉，一天要做的全部事情都被规划在作息表当中。而且，工厂不仅在工作日进行军营化的管理，还在礼拜日规定了更加严格和琐碎的祈祷。这种程度的规训当然会引起工人的反抗，马克思称其为阶级斗争，其实就是现代工厂制下规训与反规训的对抗。但当时的政府管不了这么多，它直观感受到的就是底层工人的各种反抗，而这种反抗很可能会带来社会的无序动荡。于是，政府进行大力压制，阶级斗争便又卷入了政治的因素。在这一过程中，西方世界逐渐发展出工会等各种组织以对抗政府和资方单方向的规训。规训方和反抗规训的工人不断互动、冲撞，才逐渐发展出我们今天所见的现代西方社会。

这样一种规训过程，还包含着西方社会从传统身份社会向现代契约社会的转型。身份社会中有各种不成文的传统道德作为人际关系的润滑剂，给人温情的感觉，但这种方式过于依赖个体性的关系，效率较为低下；契约社会则把人际关系简化为一整套抽象的成文规则，不再依赖于个人关系，效率较高，却让人变得孤立化、原子化。

就一个国家的工业化而言，这样一种现代工厂制的规训对于人的改造是无法绕过去的阶段。规训过程中出现的各种各样的故事，往往会让人感觉到各种不快。是否有能力消化掉因此而生的各种矛盾，从而相对平稳地度过规训过程，是一个社会能否成功完成现代化的重要前提。

李书先用铁腕手段迈出了将厂里员工训练成真正工人的第一步，但这只是满足了让工厂活下去的一个基础前提，离工厂真能活下去还差得远着呢。

李书接手乐器厂的时候，厂里的总资产是 17.8 万元。可是，光是欠银行的贷款就有 54 万元，外面欠的材料款有 23 万元，内部还欠着工人 8 个月工资——工厂完全资不抵债。李书在把工厂秩序稳定下来后，首要工作就是寻找订单，想法子让工厂运转起来。他最先想到的是上海提琴厂，是的，还是要去那里找订单。于是，他决定亲自去上海，找上海提琴厂厂长协商。可是乐器厂已经困窘到连李书去上海的 10 元路费都拿不出来，他只好回到家里背了一筐鸡蛋和数十斤小麦到镇上卖掉，勉强凑出了往返上海的路费，拿回了订单。

问题是，要把订单上的产品生产出来，还得去购买材料，这笔钱可没法靠卖鸡蛋凑出来。李书想到去公社里的农村信用社贷款，可是信用社根本不理会他的贷款申请。坚持了一周后，李书被迫跑到公社党委书记家，说自己作为厂长，想为厂里借 2 万元的生产经费都借不到，只能辞职。

公社党委书记立刻给信用社主任打电话，主任便说明了事情原委：乐器厂借钱从来就没打算还，现在还欠着几十万呢，所以不能再借。李书马上做出回应，对信用社主任说：“你只说对了一半。过去借的从来没还过，这是事实，欠你几十万，这也是事实。但这里面可有一分钱是我借的？如果我借了钱也不还，那你以后一分钱都别再借我！但是我要告诉你，如果你这次不借我钱，我这厂马上就死掉，之前欠的那几十万你找谁要去？”在这样一番软磨硬泡下，公社党委书记又做了些工作，李书才拿到了 2 万元的贷款，并且和信用社约定，30 天后一定偿还。

可是工厂的生产周期远远大于 30 天，也就是说，30 天后，李书是还不上信用社的贷款的。到了第 20 天，李书开始四处借钱。不管是亲戚朋友还是街坊四邻，只要人家有几分钱，他都要借出来，还记了整四大页的欠款明细。终于在第 28 天的时候凑出了 2 万元。李书背着一个大书包，到信用社哗啦一下把钱都倒在桌子上，信用社主任点了半天才确认这些一共2万元。李书对信用社主任说："我说30天还，现在才28天，我2万元就都还上了。所以，未来你是不是还可以放心借我钱呀？"溪桥乐器厂的融资能力，就这么艰难地建立起来了。

从李书身上我们看到了中国改革开放初期企业家身上那种野蛮生长的劲头。

改革开放前的中国社会，还是一种身份社会，改革开放指向的则是一种契约社会。契约社会的制度前提是健全的法律体系，契约社会运转的基础则是信用机制——法律体系与信用机制是互为条件的。所谓信用，就是把未来可预期的收益折算到现在并交易出去。而法律可以让人们对于未来形成稳定的预期，所以法律也是用来界定和保障信用的履行的，并且从原则上说，可以把信用无差别地扩展到所有人身上。信用机制的运转则会提高经济效率，形成足够的经济资源，以便支撑法律体系实际运转的成本。要知道，现代法律体系的运转不仅仅要有法律文本存在，还需要司法系统、律师系统、诉讼过程等一系列具体载体作为支撑，运行成本并不低。前现代社会的经济如果要支撑这种法律体系，往往是得不偿失的，这也是前现代社会通常是身份社会的原因之一——身份差异就可以让人们低成本地判断他人的信用基础，但这种信用基础无法进行无差别的扩展，经济效率就比较低下。

身份社会与契约社会的差异相对容易理解，但在从一种社会向另一种社会过渡的过程中，还没有成形的法律体系，也就无法形成可靠的信用机制。在这种情况下，企业要想发展，就必须自己想办法创设出信用。李书临危受命之际，中国正处于这种转型的过渡阶段，要想在困境中突围，企业家就必须既有冒险精神，又能创造性地寻找办法。阅读那段时期的企业史你就会发现，那一代企业家找到了千奇百怪的办法。这些办法绝大部分都是在过去的规范之外的，也不可能被纳入日后形成的法律规范之中，处在一种难以界定的灰色地带——甚至连这么说都不准确。那是一种无法用黑白灰三色来界定的状态，只能称之为“野蛮生长”。

正是这种野蛮生长，让困顿的中国经济获得了腾飞的必要前提。可以说，那一代的企业家，有很多都真正配得上熊彼特所说的“企业家”的称呼。理解那一群人，是我们理解中国经济成长的必要一课。

经过李书的艰难努力，乐器厂逐渐活了过来。到 1980 年 12 月底，完成了 20.67 万元的销售额，乐器厂的经济效益从过去全公社的倒数第一一跃成为正数第四。不过，这只能说明李书有能力打造出一个还算说得过去的乡镇企业。接下来李书更是用 30 多年的时间，真正展现了他作为一名优秀企业家的眼光与魄力——把这个乡镇企业发展成世界第一大提琴生产厂，并让泰兴成为世界提琴之都。

李书的成功所依凭的要素以及他所做的努力，实在太多了。我仅从自己的研究关注的角度出发，提炼出他赖以成功的“三板斧”，分别是：顺应政策，发展产业供应链以及走向全球市场。

先看第一板斧：顺应政策。

在访谈当中，李书不断强调，“我要发展企业，最重要的是要顺应政策。我会不断关注政府推出的新政策，每一次都要抓住政策，让企业最先吃到这个政策红利，搭上顺风车，顺势发展起来”。

1983 年 1 月，中央印发了《当前农村经济政策的若干问题》的通知，充分肯定了联产承包责任制对农村经济发展的重要作用，并提出把联产承包责任制从农业生产领域拓展到社队企业经营领域，在社队企业试行厂长（经济）承包责任制。顺应这个政策，李书在溪桥乡[1]的 11 个乡镇企业中率先实行厂长承包责任制和车间主任承包制，同时在工厂内部推行工时定额和耗用定额承包责任制。同时推行三种责任制的做法，在当年就取得了很大成效——乐器厂的经济效益一下跃升为全乡第一。

1984 年，为了充分发挥乡镇企业的劳动力优势和城市企业的

1 1982 年 12 月 10 日，第五届全国人民代表大会第五次会议决定“改社为乡”。到 1985 年，人民公社全部解体，乡镇重新成为我国最基层的政权组织。泰兴于 1983 年 3 月开始“改社为乡”的基层改革，于当年 9 月底全部完成。

技术优势，国家经济体制改革委员会提出了走城乡经济联合之路的号召，鼓励城市的工厂与乡村的工厂形成经济联合。李书立刻抓住这个政策先机，决定想法子让溪桥乐器厂与上海提琴厂结成紧密性联营。当时，全国与溪桥乐器厂竞争的还有 12 家乡镇企业。为了体现出自己的优势，李书继续强化工厂的三种责任制，并且把小提琴的生产过程详细分解为 183 道工序，保证生产的规范性。与此同时，他还争取到地方政府的支持，建起了溪桥第一座三层高的生产大楼；又想方设法把上海提琴厂的人邀请到溪桥考察，并做了详尽准备，要用自己工厂的专业性打动对方。这一系列努力最终让溪桥乐器厂从全国 13 家乡镇企业中脱颖而出，成为上海提琴厂的合作伙伴，双方达成了为期 10 年的联营协议。1985 年 3 月，“上海提琴厂泰兴分厂”挂牌成立。联营第一年，泰兴分厂就实现了 206.7 万元的销售额，经济效益位列全县第五。

在 1994 年年底联营协议到期之时，李书管理的泰兴分厂已经跻身全国提琴企业的 10 强。这时，李书又关注到国家“走工贸联营发展企业”的号召。他认为，自己的企业已经具备大批量生产的能力，而今最需要的就是市场。因为只有建立起强大的销售渠道，才能实现产销接轨。1993 年，李书与上海文教体育用品进出口公司（后更名为上海兰生外贸公司）签订了 10 年的工贸联营协议。当年 11 月，工贸联营的沪泰百思乐乐器厂挂牌成立。

1996 年，为了适应加入 WTO（世界贸易组织）的需要，国家加大了对外开放的力度。李书再次抓住政策风口，与美国 AXL 国际乐器有限公司达成合作，实行中外合营，让企业有机会扩展到国外市场。当年 10 月，溪桥乐器厂改制，更名为泰兴凤灵乐器有限公司。凤灵顺应国家政策，成为首批获得企业自营出口权的公司，至此，凤灵提琴便开始成规模地走向世界。

我们可以从溪桥乐器厂逐步发展为泰兴凤灵乐器有限公司的过程中，看到李书对于国家政策的灵敏把握。泰兴小提琴业的发展，自然离不开李书的经营管理能力，但也靠他成功借助政策的风口不断放大自己的经营管理能力带来的效应，才能一次次实现跃迁。就像在空中盘旋的大鸟，虽然它很善于飞翔，但同时也要善于寻找上升气流——借助气流的推动，无须费多少力就可以飞得很高。

然而，国家制定产业政策是否有意义，在经济学界有着很大争议。依照经典的自由主义经济学理论，产业政策往往会通过各种补贴或政策扶持扭曲市场价格，让资源流到原本不会去的低效率领域，造成整体经济效率低下。更糟的是，错误的产业政策很可能会导致灾难。因此，最理想的状态是，政府仅仅作为守夜人或裁判员，不下场比赛，而是让市场自发地运作，这样经济自然会繁荣起来。这种经济思路可以追溯到经济学的奠基人亚当·斯密那里。

对于18、19世纪的英国和20世纪的美国这些先发国家来说，这种对产业政策的理解是合理的。这些国家作为先发者没有任何对象可供自己学习，也无从设定具体的目标，只有让企业在自由市场中自发地去尝试、去冒险、去失败，政府只提供一个公平的法律环境，经济才能真正有效地发展起来。

但产业政策对后发国家的影响，还需要另做分析。后发国家可以细分为两种。一种是类似保加利亚、乌拉圭、突尼斯等没有太强文化追求的小国。它们没有什么经济以外的追求，也就不需要产业政策。并且，由于它们的经济实力太弱，产业政策实际上无法起到什么作用。另一种是类似德国、日本、中国等有着较强的文化追求的大国。它们有着经济以外的追求，因此想要尽可能地保障自己的经济不会陷入某种依附性状态。它们还有先发国家作为对标对象，能比较清晰地知道自己在经济上想要实现的目标，而达成这一目标的手段，在它们看来就是产业政策。再加上它们的经济相对较强，产业政策会起到实质性的作用。至于在什么方向起作用，那是另一个问题。

后发国家要通过产业政策来推动发展，这种经济思路可以追溯到19世纪前期德国经济学家弗里德里希·李斯特那里。[1]李斯特

1 参见［德］弗里德里希·李斯特：《政治经济学的国民体系》，陈万煦译，商务印书馆1961年版。

的直接论敌就是亚当·斯密，他抨击斯密的理论是一种空洞的学说，因为斯密只从个人和世界市场这两个角度出发，忽视了国家这个中介。只有当各国都处在持久的和平关系中，国家仅仅提供法律平台，其政治和经济影响都近乎可以忽略的情况下，斯密的理论才可行。李斯特认为，这种理想主义状态是靠不住的，一旦战争打起来，还是得靠国家。考虑到这一点，仅仅从个人和世界市场这两个角度出发来讨论经济问题，就是不现实的。

但是，李斯特并不否认市场的作用。他完全承认市场是配置资源最有效率的手段，也认为从世界市场的角度来看，自由贸易是提高人类整体经济效率的办法。可一旦考虑到国家这个层面，李斯特就更重视在世界市场上自由贸易是以谁为中心展开的。如果各国都依照斯密的理论来制定自己的政策，结果会是，英国将永远作为世界市场的中心，其他国家只能沦为龙套陪着英国玩，这是这些国家所无法接受的。

所以，李斯特提出一个三步走的方案。既然当时的德国跟英国等发展起来的国家相比，比较优势只在农业上，那就先进行自由贸易，通过农业积累起足够多的资本，这是第一步；之后进入第二步，采取保护主义的经济政策，用积累起来的资本促进本国工业发展；等工业能力发展起来了，再进入第三步，恢复自由贸易。这时候，德国就在世界市场上有足够的话语权，甚至成为世界市场的中心。这就是李斯特所说的“国民经济学”的基本路数，产业政策的基本思路就在国民经济学中被孕育出来了。

自由主义经济学的批评是精准的，产业政策确实会经常扭曲市场价格，让资源流到原本不会去的低效率领域。但从国民经济学的角度来看，效率并不是经济中唯一要考虑的要素，国民经济的自主性同样需要关注。从自主性的角度来看，有些投资规模巨大的行业，比如重化工业，相当于工业经济的基础设施，也是经济获得自主性的基础条件。它们在先发国家已经是成熟产业，进入低利润水平的阶段。依照自由市场的逻辑，后发国家便没有机会发展起这些产业了，除非通过产业政策的扶持。在这种意义上，对于那些有大于经济领域追求的后发国家来说，产业政策带来的低效率是可以忍受的代价。

然而，倘若不是针对这种具有基础设施属性的行业，连后发国家都不应该实施产业政策，因为它会造成国民福利相当程度的损失。

但这些都是从宏观经济的角度考虑的，对于微观的具体企业来说，如果能够顺应宏观层面的政策，踩住风口，就能够飞得更高。当然，这个风口是否可持续，也就是说，特定的产业政策本身到底能走多远，以及什么时候会出现什么样的风口，不是企业能决定的。企业的经营者能做的，只是敏锐地意识到风口的存在，知道如何赶上它，并且尽快在风口结束前吃到能吃的红利。

产业政策最终是否成功，并不直接决定具体的企业家的成败。李书顺应政策的一系列努力，就是非常好的例证。

再来看李书的第二板斧：发展产业供应链。

按照我们常规的想象，小提琴制造业作为一个高度依赖工匠手艺的行业，似乎很难被供应链化。但实际上，高端琴和中低端琴的情况是不一样的。高端琴对于制琴师傅个人能力的要求极高，每一把琴都有特殊的灵魂，一系列的细节都要靠难以传授的、多年积累的经验来把握，确实没有办法被供应链化。但是，市场上对高端琴的需求很小，它更适合用奢侈品的市场模式来运营，而不适合用大规模生产的工业化模式来运营。

中低端琴的市场需求量则很大，追求的也不是个性化的差异，而是标准化的质量控制。所以，它对师傅个人手艺的要求就不那么高，而对生产流程的品控要求很高。因此，中低端琴的生产就可以供应链化，并形成规模化生产。泰兴当地虽然也生产高端琴，但它在这方面并没有什么无可匹敌的优势；而在可以规模化生产的中低端琴上，泰兴是当之无愧的世界提琴之都。泰兴能做到这一点，和李书的努力有着很大关系。

李书在 1984 年想法子与上海提琴厂搞城乡经济联营的时候，便依照工业化的逻辑把小提琴的生产过程给一道一道细化成了 183 道工序。在做工序细化的时候，李书很可能只是想要尽力把生产过程标准化，提高生产效率，并没有想过供应链的问题。但标准化的努力里面已经发展出供应链网络的可能性了，因为形成供应链的前提就是工序必须被标准化。

进入 20 世纪 90 年代，溪桥乐器厂的发展孵化出一系列小厂，它们为总厂生产配件。后来，这些小厂发展成彼此互为配套的关系，形成了一个庞大的提琴产业网络。到今天，制作小提琴的工序也从李书一开始确定的 183 道发展成 197 道。每一道工序，小到音柱马桥，大到琴头面板，都有高度专业化的厂家生产，人们可以在泰兴非常便宜又高效地找到生产整琴所需的任何部件。这种成规模的供应链网络，使得泰兴在中低端提琴生产领域的综合成本控制能力无人能敌。这是泰兴能成为世界提琴之都的一个重要基础。

最后，来看看李书的第三板斧：走向全球市场。

前文提过，1996 年，溪桥乐器厂和美国 AXL 国际乐器有限公司合作，组建了中外合资企业泰兴凤灵乐器有限公司（后发展为凤灵集团）。到 1998 年底，凤灵集团 60% 的产品通过美国 AXL 公司销往美国市场。

打入世界市场之后，凤灵在人力成本方面的一系列优势就充分体现了出来。再加上生产环节的优化能力比较好，其综合成本控制能力在世界市场上的优势也凸显出来。凤灵由此迅速击败了一系列其他国家的中低端提琴生产商，发展成世界上最大的提琴企业。而庞大的世界市场也反过来刺激着凤灵集团。由于每年的订单量足够多，很多配件都可以单独进行专业化的生产，凤灵集团内部就涌现出大量的创业者，他们自己跳出去做独立的专业化小配件厂。专业化程度的提升，大大提高了效率。183道工序在此过程中逐渐演化为一个庞大的供应链网络，这个网络又支撑起很多新成立的中小规模的独立提琴厂，它们也发展出了自己的国际销售网络，占据了不同的生态位。

所有这些加在一起，形成了一个庞大的提琴产业生态网络。真正让泰兴成为世界提琴之都的，不是具体的某一家企业，而是这个整体性的产业生态网络。其他提琴厂要在竞争中击败泰兴的某一家提琴厂也许并不难，但要想击败整个网络，可就没那么容易了。

实际上，李书的前两板斧都是以第三板斧为依托的。如果不能走向全球市场，始终只盯着国内市场，也许他还是可以做成个不错的提琴厂，但永远不可能支撑起庞大的供应链，让泰兴成为世界提琴之都。而如果不能走到这最后一步，一开始对于政策的各种顺应就只能是一时的风光，最终还有可能因为对于政策的过度依赖，而令企业在政策转变时轰然倒塌。

到此，我想再讲讲产业政策。很多后发国家都尝试过制定产业政策，但大多失败了，只有一小部分取得了成功。这一小部分成功的，都有个基本特征——其产业政策都是出口导向的。反过来说，走进口替代道路的都失败了。

原因在于，进口替代的策略是用关税来保护国内不成熟的产业。那就意味着，这个产业的产品价格一定是高于国际市场同类产品的，自然没有出口竞争力，只能在国内市场发展。而本国的市场规模压根没法和国际市场相比，也就无法支撑这个产业发展出成规模的供应链网络。并且，由于有关税保护，这个产业没有竞争压力，也不会有降低成本、提高效率的动力。长此以往，就越发没有存活能力，只能靠政府不断补贴才能撑下去。这是一种不可持续的状态。

出口导向的策略则意味着，企业必须到国际市场中去和所有人一块儿竞争。一方面，这会逼着企业提高它的竞争能力；另一方面，企业能面对足够大的市场，有机会发展起成规模的供应链网络，最终真正发展起来。

说到李书走向全球市场的这第三板斧，还必须要提到海外华人网络。我们从访谈中得知，美国的提琴市场跟欧洲的提琴市场在渠道上有个很大区别。欧洲提琴市场的分销商多半都是当地做这个行业的世家出身，他们的分销网络都是一代代留传下来的。中国企业想要进入，成本比较高。而美国的分销网络则不是被这种传统世家所垄断的，其中有相当一部分是由海外华人建立起来的。李书最初合作的美国 AXL 国际乐器有限公司就是由一个海外华人建立的。中国企业要想进入，难度就低得多。

正是靠着海外华人的网络体系，李书才能够相对迅速地建立起海外分销网络，让凤灵集团在国际市场上打开了局面。而改革开放以来中国经济的迅速崛起，也与海外华人网络在各种层面上有着千丝万缕的关系——海外华人网络所带来的资金、管理经验、生产经验、市场渠道、国际视野等一系列资源，都对改革开放初期的中国有着至关重要的意义。

在泰兴小提琴产业发展的整个过程中，何彬的故事让我们看到，在压抑环境中饥渴的心灵能够迸发出多么大的创造力；李书的故事让我们看到，这种创造力借助企业家精神，能够转化为多么大的生产力；企业家精神又让我们看到，利用好中国内部的政治经济环境以及世界市场的庞大需求，能够打开多么大的想象空间。中国的经济奇迹，是在这些要素的多重耦合下，才成为可能的。

李书的企业家精神是整个故事中至关重要的一环，但最让我受触动的还是多年前何彬在昏暗小屋中的那一曲琴声。琴声中满是对被压抑许久的精神需求的倾诉，这是在精神上获得被承认的尊严的需求。那一曲琴声之所以给青年徐小平带来了那样大的震撼，也是因为徐小平在极度压抑的环境下，内心充满对精神世界的巨大渴望。现实与内心之间的巨大矛盾与张力，令人们渴求一个突破口将其释放出来。一旦这个突破口出现，人们会爆发出巨大的激情，这种激情又会外化为经济发展最强大的驱动力。我们完全不必因此而感激当年的压抑，但要感激那些经受压抑却不愿就此沉寂的心灵。

— 美国创新、中国生产、全球销售 —

泰兴作为世界提琴之都，只是一个有趣的案例，中国有太多这样不在人们视线之内，却在特定领域里牛气冲天的小镇。

前段时间网上流传一个帖子，里面提到了一系列这样的小镇。山东省潍坊市昌乐县鄌郚镇，生产了全世界近 1/3 的吉他；全世界将近 1/3、全国将近一半的泳衣，都来自辽宁省葫芦岛市兴城市；江苏省连云港市灌云县，生产了中国绝大部分的情趣内衣；浙江省衢州的江山市，生产了全国 1/3 的羽毛球，并供给全世界；河南省商丘市虞城县稍岗镇，生产了全国超过 85%、全世界超过一半的钢卷尺；江苏省南通市占据了全国近 50%、全世界 25% 以上的家纺市场；浙江省诸暨市占据了全球 73% 的淡水珍珠市场；江苏省扬州市杭集镇生产了全世界 60% 的酒店用品；江苏省丹阳市生产了全国 75% 以上、全球 1/3 以上的眼镜；深圳市大芬油画村生产了全国 70% 以上、全球 40% 以上的装饰用油画；湖南省邵东市生产了全世界 70% 的打火机……

这个单子还可以继续列下去，有太多东西都超出了我们的想象。

也许你会质疑，前面列的这些都是低技术产品，没啥了不起。但是你想过这件事情吗？你在淘宝上花三四元就能买到 5 米长的钢卷尺，去除掉各个环节的利润之后，这个钢卷尺的生产成本大体上不超过 2 元。钢卷尺的生产确实没什么技术含量，但这种对成本的控制能力绝不是用一句“低技术”就能概括的，它的背后有一整套供应链体系在支撑。脱离开这种供应链体系，当然还是能生产出钢卷尺，但是没法把成本控制到那么低。中国经济无可匹敌的能力恰恰隐藏在这里。

中国的经济奇迹，远不是用我们过去常说的人工和土地的要素价格低便能够解释的，其背后有一个逐渐演化出的庞大的系统在支撑。进入 21 世纪之后，这个庞大的系统不断高效地自组织、自演化，显现出巨大的能量。如果把中国经济比喻为一台计算机，中国庞大的基础设施网络相当于计算机的硬件系统，中国庞大的供应链网络相当于计算机的操作系统，各种具体产品的强大生产能力，相当于我们看到各种应用软件在这个计算机上跑分。在跑分的软件既可能有最简单的扑克牌小游戏，也可能有庞大的数据库软件。但无论什么软件，在强大的硬件系统和操作系统的支撑下，都会有出色的表现。

平时我们讨论问题，最关注的往往是各种应用软件，而忽视了硬件系统和操作系统。但不要忘了，应用软件之所以能跑出很高的分，绝不仅仅因为这个软件本身设计得当，它更需要底层的一整套系统来支撑。

所以，泰兴小提琴制造业的案例，以及其他一系列牛气冲天的小镇的案例，反映出的并不是一个或几个企业的力量，而是中国制造业作为一个体系或一个系统的力量。尤其是在中国的人力和土地成本已经不比很多发展中国家有优势的情况下，这些低技术行业仍然保有了超强的成本控制能力。这种强大的竞争力，更能反映出体系本身的力量。这个体系当然不可能脱离开世界独自运转，它必须融入世界经济秩序当中才能存活。但反过来，我们不能光看到世界经济秩序，而忽略了中国经济本身演化出的这个体系。否则，对于问题的判断就会出现差错。

接下来，让我们把目光从低技术行业挪到高技术行业，你就更能体会到中国体系所具有的独特力量。[1]

高技术行业首先依赖于创新。在可预见的未来，美国的创新能力仍然是最强大的，它在知识产权的保护、资本市场的效率、创新的激励、对人才的吸引等诸多方面都有着压倒性的优势。但

1 下面所讨论的内容，相当部分在拙著《枢纽》（广西师范大学出版社 2018 年版）的第七章中已有更深入的讨论，这里只是做了一些提纲挈领的框架性讨论。

很有趣的一点是，进入21世纪之后，有一个越来越明显的趋势，就是美国的创新能力必须结合中国大规模制造的能力，才能把创意真正产业化。这个趋势简单化的表述就是：美国创新，中国生产，全球销售。[1]

之所以会出现这样一个趋势，是与全球经济秩序的大转型紧密相关的。而这个转型的首要拉动力量，又是西方国家，尤其是美国主导的创新经济的转型。

在美国经济中，以往的创新都是掌握在大公司手里的、硬核技术层面的创新。但是由于美国在1980年通过了《拜杜法案》，对于科技发明的知识产权做了一系列新的规定，其直接后果是，刺激了小公司在技术层面的创新，大公司反倒不再有这方面的优势了。

今天我们知道的很多特别酷炫的技术，其实都是在特定领域里拥有独门绝技的小公司里开发出来的。小公司再把技术卖给其他公司用来开发产品。比如苹果这样的大公司，就是购买那些小公司开发的技术，然后整合出新产品的。对那些小公司来说，最优策略不是自己去进行整合，而是吸引更多的公司来购买自己的技术，这才是它们真正的比较优势所在。

所以我们可以看到，大公司能做各种产品上的创新，但是由

1 感谢王煜全先生在这个问题上与我的多次探讨，他用大量的案例帮助我验证并进一步完善了相关思考，尤其是他在《拜杜法案》上的讨论，对我有重要启发。

丁没有垄断技术，就没法阻止其他人来模仿自己；而有技术的小公司希望吸引更多公司来购买自己的技术，这进一步刺激了很多公司去模仿大公司的产品创新。

由于大小公司在创新上的不同运作逻辑，最终的结果就是，很多市场占有率很大的大公司，它们的创新不是技术层面的创新，而是产品层面的创新。我们甚至可以说，这种产品创新就是观念创新。而观念创新无法杜绝被模仿。因此，大公司只能从追求技术壁垒转为追求速度壁垒，让自己创新的速度比别人快，才能确保自己的优势地位。而为了确保创新效率，这种类型的大公司就必须将自己的生产流程外包出去，不能放在自己手里。因为只要把生产流程握在自己手里，一旦有了新的创意，就得调整整条生产线，转型成本非常高，这会严重拖累创新效率。所以，大规模外包便构成了西方这一轮创新经济的内在需求。

这个时候，中国就成为一个很重要的变量。大规模外包需求的出现，正好跟中国一系列经济演化的节奏匹配上，中国形成了强大的承接外包能力，顺势获得了超高速度的经济增长。中国的高速经济增长在相当程度上是由西方的创新经济拉动的，脱离世界大势就无法获得解释。

而中国承接外包的强大能力的奥秘，就在前文所说的庞大的供应链网络上。

外包的承包方必须同时满足效率与弹性这两个要求。生产流程中倘若没有效率，就拿不到订单，要有效率就得专业化；如果过于专业化又会被锁死在特定的需求上，上游的需求一变，下游的小企业就死了，所以整个生产流程中又必须有弹性，能够迅速调整适应变化，但是如果有弹性就难以专业化。效率和弹性这两个要求本身是矛盾的，在同一个企业内部没法同时实现。

中国则通过供应链网络把效率与弹性这两个要求放在不同位阶上同时实现了。供应链网络中的单个中小企业都极度专业化，只生产被拆解到作为极为基础元素的零件。由于已经被拆解得极为基础，这些产品的通配性特别好，可以和许多别的工厂生产的其他零件形成各种各样的配套组合。打个比方，这就相当于每个中小企业只生产一个特定形状的乐高积木，无数个中小企业就有了无数种形状的乐高积木，这些企业结成了一个庞大的网络，它们生产的产品可以以各种各样的方式被组合在一块，拼搭出各种东西来。

这样一来，高度专业化的单个中小企业保证了效率，中小企业不断动态重组的配套关系令整个网络有了弹性。这样的供应链网络不是谁计划得出来的，而是在市场过程中自生地演化出来的。中国加入 WTO，更顺畅地进入世界市场，则加快了供应链网络演化的速度。

这些中小企业是在市场发展过程中自发成长起来的民营中小企业，而非国企。那国企在这个供应链里，应该扮演什么样的角色呢？国企应该作为让供应链运转起来的广义基础设施存在，提供交通、通信、原料供给等基础服务。这是因为，如果没有这些广义基础设施，供应链网络的运转效率就会大受影响。而广义基础设施的建设，是在一种产业政策的引导下出现的。这种做法并不符合我们对于市场经济的完美理解，但它让中国成为世界上唯一拥有联合国产业分类目录当中所有工业门类的国家，让中国拥有了完整的工业体系。从另一个角度看，真实世界中并不存在完美的、理想的市场经济，一如国际大宗商品的定价机制并不完全是由市场决定的，而大宗商品是其他产业能够市场化运作的基础。

所以，我们对于国企的关注角度应该是，它们是否会越出自己作为广义基础设施的定位，直接或间接地进入应该由市场起主导作用的经济领域当中去。中小型民营企业所组成的供应链网络，毫无疑问属于市场起主导作用的领域，也只有在市场机制下，最有效率的供应链网络才能够成长起来，这些领域是国企不应涉足的。

我们在分析供应链网络时，需要关注一个重要的变量，那就是规模。规模越大，网络里的中小企业就越多，分工就越深，效率也就越高；同时，网络里各个节点动态组合的可能性就越多，弹性就越大。一旦网络的规模超过某个临界点，在成本控制能力上就会出现一种质的变化，开始从全球吸纳对供应链有需求的制造业。中国在规模上是举世无双的，供应链网络的发展也已经过了那个临界点。结果就是，全球的中低端制造业都向中国转移。

在未出现实质性的技术变迁的前提下，这种转移差不多是终局性的，就是说进得来出不去。除非是对供应链需求很低，并且对于远距离物流成本很敏感的产品，比如玻璃、水泥等。这类产品适合在靠近市场的地方生产，因此能够从中国转移走。

但这并不排除中低端制造业有可能从中国外溢到邻近的东南亚国家。之所以说是外溢而不是转移，在于东南亚国家在供应链网络的规模优势上同样无法与中国相比，所以它们可能承接从中国供应链中溢出的一部分生产环节，但无法取代中国制造中心的地位。既有的一些研究也支撑了这一假说。依据世界银行在2007年的一份研究报告，中国与东盟之间的贸易品主要是零部件与半成品。[1]这种贸易只有在同一个供应链网络内部才有意义，网络之外需要的不是零部件和半成品，而是终端产品。这就意味着，制造业从中国向东南亚的外溢，是以中国为中心的供应链网络的规模在进一步扩大——东南亚国家和中国的生产流程之间是各种互相补充关系，它们构成了一个更庞大的供应链网络。既然如此，中低端制造业向东亚制造业集聚区以外的地方转移就会变得更加困难。

实际上，如果动态地看全球贸易品结构数据，我们会发现，

---

1 Mona Haddad, “Trade Integration in East Asia: The Role of China and Production Networks”, World Bank Policy Research Working Paper 4160, 2007.

进入21世纪后，全球的经贸格局不再是以国家为单位的产业分工格局，而是形成了以全球为单位的产业分工格局，甚至可以说，形成了以全球为单位的、生产工序跨国分工的格局。20世纪90年代，国际贸易中70%是成品贸易，各国彼此间的需求更多还是在贸易层面的；到2010年，国际贸易中40%是成品贸易，60%是零部件、原材料等中间品的贸易；到2018年，国际贸易中70%以上都是中间品贸易——这就意味着，各国之间已经是在生产环节上相互需求了。[1]中间品贸易还包括服务贸易。近些年来，全球服务贸易差不多是每5年翻一番。

在这个背景下，制造业向东南亚转移的过程让西方国家越来越去工业化，这会不断放大它们在创新产业上的比较优势，同时也直接表现为西方国家在服务贸易上的规模放大。中国的比较优势在中低端制造业上。中国通过联合起整个东亚制造业集聚区，形成一个庞大的共生生产网络而获得这种优势。其他不发达国家的比较优势则集中在第一产业的原材料这个层面。

中国[2]的制造业与西方的创新产业、高端服务业之间形成一个经贸循环，中国的制造业又与不发达国家的第一产业之间形成另一个经贸循环。由于产业结构的落差，不发达国家的第一产业

1 数据援引自黄奇帆先生2019年4月9日在复旦大学发表的《新时代，国际贸易新格局、新趋势》演讲。

2 下文所谓的“中国”，实际上是包含整个东亚制造业集聚区在内的，只不过中国是其中有主导力的核心国家，简便起见，用“中国”来指代整个东亚制造业集聚区。

和西方国家的创新产业、高端服务业很难直接形成经贸循环，它们必须得以中国的制造业为中介。由此，全球经贸就形成了一种“双循环”结构。中国处在连接两个经贸循环的中间节点位置，中国也在这个意义上成为“枢纽”。说得更准确些，很可能是中国与若干东亚、东南亚国家加在一起，构成这个“枢纽”。

由此我们可以看到一个双向影响的结果。世界经济转型的大势拉动了中国经济的成长，中国经济反过来也深刻地改变了世界经济秩序，引发国际经贸形成一种“双循环”结构（见图 1-1）。

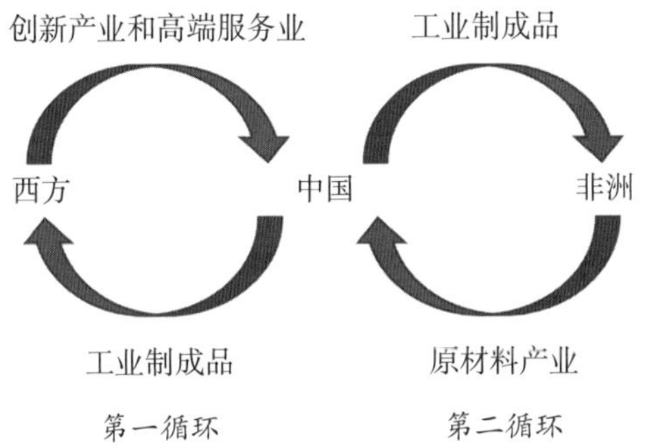

图 1-1 “双循环”结构

如果我们观察得更仔细的话，会发现在横向的“双循环”结构之外，还存在一个纵向的“双层循环”结构（见图 1-2）。美国所主导的全球资本循环是“双层循环”当中的上层，覆盖在各种类型的实体经济循环之上；“双循环”则是在全球资本循环之下的、有某种从属性质的实体经济循环。对这样的纵向、横向多元复合的全球经济循环结构的把握，是我们真正理解世界经济秩序的前提。

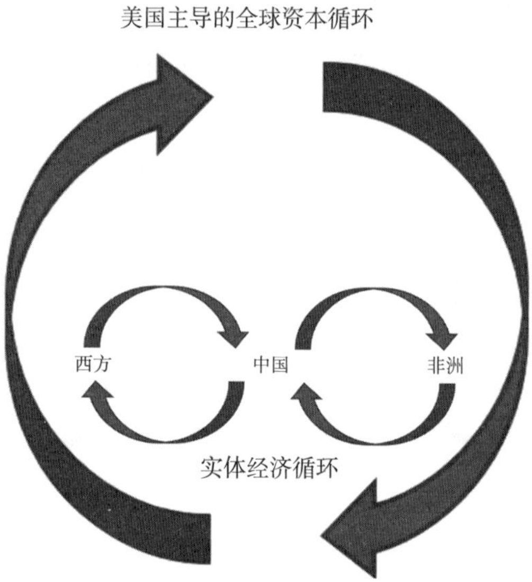

图 1–2 “双层循环”结构

在这种多元复合结构的视野下，我们还会发现，世界经济真正的发动机仍然在西方，尤其是美国。一方面是因为“双层循环”中具有主导性的全球资本循环，是完全掌握在美国手里的；另一方面则是因为前文谈到的，全球创新的发动机也在美国。只有创新，才能带来经济上质的增长，否则只有量的扩张。在给定技术条件下，资源是有限的，单纯依靠量的扩张，迟早会陷入一种内卷化的困境。基于前文的分析你会知道，中国的经济成长在相当程度上是被西方新模式的创新经济拉动起来的。

虽然发动机在西方，但发动机需要传动轴，整辆车才能跑起来，而中国就是传动轴。中国这个传动轴的出现，会对全球经济秩序造成深远影响——现有的全球经济治理秩序会遭遇挑战，国际经贸秩序以及很多国家的内部秩序也会出现失衡。今天我们看到的贸易摩擦等问题，其根源也都在这里。

先来说说全球经济治理秩序遭遇的挑战。

以 WTO、IMF（国际货币基金组织）、世界银行为中心发展出来的全球经济秩序都是在中国经济高速成长之前设计出来的，最晚成立的 WTO 出现在 1995 年，IMF 和世界银行是 1945 年成立的。而中国经济在这十几年的高速增长，深刻改变了全球经贸结构。这就意味着，全球经济的治理秩序和它要治理的对象之间已经严重不匹配，由此会引发一系列在现有机制下不易处理的贸易冲突。这些冲突也会引出世界对中国的一些要求，它们希望中国做出一系列改革。如果我们不能有效理解这些要求，而仅仅是做出比较强硬的回应的话，就会造成中国在国际上的困境。

我们还可以看到，西方在这个过程中大规模进入去工业化的阶段。历史上，新的工业中心崛起的时候，老的工业中心会出现传统产业衰败、工人失业的现象，社会问题由此产生。但是，过去的发展节奏不像今天这么快，新老工业中心的交替可能是在四五十年间完成的。这么长的时间足以让两代人完成交替，这就意味着，老的中心有相对充裕的时间来把失业人口消化掉。而中国经济崛起、美国传统产业衰败，发生在短短十几年的时间里，令美国来不及消化失业人口，这就引发了各种各样的社会问题。

不只美国这样，欧洲国家的很多传统工业城市也面临相似的境遇。非西方国家和地区的情况也是如此，再加上它们的国家能力本来就比较弱，当地的秩序就会陷入更加脆弱的状态。这些失衡会进一步引发各国在政治上的民粹化转向。最近几年西方国家和一些非西方国家都有一系列支持民粹主义的领导人被选上台，其实都是这样一个经济背景下的政治反映。

2018 年开始的中美贸易摩擦，也是“双循环”结构对国际经贸秩序冲击的一个表现。而美国之所以手上能有特别多的筹码，原因之一又在于它处于“双层循环”中的优势地位。

“双循环”结构给全球经济秩序带来的挑战已经越来越不容忽视。不过，任何挑战都同时是机遇。要把握住机遇的前提是，我们必须正确地认识挑战。

在前述大背景下，再来观察当下的贸易摩擦，就有两个值得仔细探讨的问题。

第一个问题，美国总统特朗普力图通过一系列的贸易摩擦、高关税的手段，让制造业回流美国，是否做得到？我基本上可以有把握地说，在技术条件没有出现实质性的跃迁之前，就制造业流程而言，中国庞大供应链网络所具有的规模效应是无法被超越的。2019 年 9 月，一部名为《美国工厂》的纪录片在网上发布，引起了广泛关注。这是由美国前总统奥巴马主持拍摄的纪录片，主要讲的是 2014 年赴美办厂的福耀玻璃集团这些年的起伏经过。从片中可以看到，即便是玻璃这种对供应链没有什么需求、对远距离物流成本很敏感、原则上可以从中国迁厂的产品，向美国的迁移过程实际上都非常艰难，更何况其他对于供应链有需求的产品。

第二个问题，也是更值得面对的，就是在贸易摩擦背景下，中国制造业向东南亚的迁移，是否将在实质上颠覆中国的世界工厂地位？2019 年以来，随着贸易摩擦不断升级，我们在网上可以看到越来越多的讨论，都在说东南亚，尤其是越南，极大地受益于贸易摩擦，经济在飞速发展。由于这些国家在人力和土地方面的成本便宜，大有机会崛起为下一个世界工厂。在这样一种焦虑的氛围中，似乎我在《枢纽》一书中所谈到的“双循环”结构即将坍塌，中国在实体经济领域的“枢纽”地位也很难保持得住了。

未来真会是这样吗？

尽管从理论推演上看，我不认为中国能够被替代，但我在《枢纽》一书中也提出，“双循环”结构要想延续是有前提的，那就是中国在内部进一步推进市场化改革，在外部进一步融入世界经济秩序。

贸易摩擦是否会让这些理论前提全都坍塌？是否会让中国经济的辉煌不再？

要回答这些问题，急需到越南实地考察一番。

于是，我和研究团队的同人一起，在 2019 年夏天踏上了越南考察之旅。

第二章

为什么是越南

一《枢纽》还成立吗 一

2018 年年中，最引人注目的事情大概当属中美贸易摩擦。2018 年 7 月 6 日，美国正式对从中国进口的约 340 亿美元商品加征 25% 的关税，中美贸易摩擦由此拉开序幕。此后，摩擦愈演愈烈，涉及的贸易品价格逐渐攀升到数千亿美元之巨，成为有史以来规模最大的贸易摩擦。

刚发生贸易摩擦的时候，我觉得自己在《枢纽》一书中的预言命中了。这个预言我在上一章也提到了，就是中国经济崛起造成全球秩序以及其他国家内部秩序出现一系列失衡，失衡的结果是：一方面，其他国家可能会出现民粹主义反弹；另一方面，如果中国不能有效理解失衡带来的问题，并积极主动地与其他国家合作解决这些问题的话，很可能会引发一系列贸易摩擦。[1] 对一个

1 施展：《枢纽》，广西师范大学出版社 2018 年版，第七章第二节。

学者来说，这么快就能看到自己的理论被现实验证，是很难得的事情。然而，事态的发展很快就令我感到震惊——贸易摩擦的规模远远超出了我的想象。

震惊之余，忧虑浮出水面：中国经济在这种规模的贸易摩擦冲击下，是否会遭遇重创？网上各种各样的负面信息越来越多，光是标题就让人冒冷汗，比如“中美贸易摩擦将长期化，多家企业从中国撤出工厂”“多家日本企业因中美贸易摩擦转移在华生产”“关闭中国最后一家手机工厂后，三星重金押注越南！”“越南惊现巨变，老邻居会一骑绝尘？”……这些文章都言之凿凿地声称，大量产业从中国迁走，越南的出口规模剧增，而中国出口衰减得很严重，中国世界工厂的地位即将不保。很多读过《枢纽》的朋友开始质疑，“双循环”的假说还能否站得住脚。

尽管从纯粹的理论推演上来说，我认为假说仍然成立，但是越来越多的负面消息让我不敢再那么理直气壮。我亟须从书斋里走出去，去中国东南沿海、去东南亚做一番实地调研，去看看真实的世界到底是什么样子，看看贸易摩擦导致的制造业转移到底是怎样的逻辑，才能验证或否证我之前的一系列理论假说。

《枢纽》一书虽从历史写起，但指向的是未来。书中理论建构的核心是在回答一个问题：何谓中国？这看上去是个纯理论的问题，但实际上和实践有着极强的关联。如果说不清楚“中国”究竟是谁，就无法说清楚我们到底期待它成为什么样子，也无法说清楚什么才是它的核心利益，甚至对现实中各种具体实践的判断，都丧失了统一连贯的标准。

可“何谓中国”是个极为复杂的问题：从空间维度看，对内有中原与边疆关系的问题，对外有中国与世界关系的问题；从时间维度看，既有历史与现实关系的问题，又有当下与未来关系的问题——这一切，都还没有统一连贯的历史叙述将其整合起来。而历史叙述标示着一个共同体的心理认同边界。有了共享的历史叙述，共同体才会有共享的未来。所以我在书中反复强调，“历史学才是真正的未来学”。

《枢纽》上篇讨论的是中原与边疆的“多元互构”历史演化，从而生成多元一体的中国，这些历史分析不会受到贸易摩擦等影响，仍然有够强的解释力；而下篇讨论的是中国与世界关系的问题，如果我在下篇中的理论构想被贸易摩擦否证了，即使并非意味着这种构想失败了，至少也是令《枢纽》变得残缺。这些都催促着我，一定要走出去看一看。

不过，去哪里呢？所谓中国制造业向外转移，这个“外”过于宏大，既包括近一些的泰国、印度尼西亚、越南等东南亚国家，又包括远一些的印度，甚至非洲。据报道，这些国家都有从中国迁入的制造业，我应该把哪个国家作为重点考察对象呢?

在与多位学者以及实务界的朋友反复讨论后，我决定把考察的重点国家定为越南。因为无论从理论分析上判断，还是从新闻报道、实际的经济发展情况看，越南都是当下中美贸易摩擦最大的受惠国。如果列举中国世界工厂地位的竞争对手，当下最强劲的候选国家大概就是越南。

先从理论分析上来判断。

印度的规模很大，但是基础设施较差，而要发展大规模制造业，良好的基础设施是最基础的前提。此外，印度政府效率太低，基建效率也很低。再加上印度追求出世的宗教信仰让国民内心比较恬淡，发展欲望也不是特别强烈。这些都导致印度难以在短期内成为一个重要的制造业大国。泰国的制造业实力是东南亚最强的，但它的经济太成熟了，成长性会比较一般。越南则不一样，其经济的成熟性比泰国差很多，意味着成长性会远大于泰国。文化上，越南在大的儒家文化圈之内，越南人因此有着比较强的入世取向，会有相对较强的发展欲望，再加上近 1 亿的人口数量，不容小觑。此外，越南的政治体制和中国比较接近，政府效率相对较高——政府效率高虽然是把“双刃剑”，但对制造业发展而言是个加分项。

再从具体的数据入手，看看越南实际的经济发展情况。

进入 21 世纪以来，越南近 20 年的 GDP（国内生产总值）年增长率基本保持在6%~7%，偶有跌落到5%左右的时候。不过，自2015年至今，这一数字则稳定保持在6.5%以上。中美贸易摩擦让越南颇为受益。据美国国际贸易委员会的数据显示，2019年的头4个月，美国从越南的进口同比飙升近40%，这是美国前四十大进口来源国中增幅最大的；同期，美国从中国的进口下降13%，这是自2009年以来的第二大收缩。[1]据野村证券的研究，截至2019年3月，越南因为中美贸易摩擦实现的经济增长已经占到越南GDP的7.9%。[2]英格兰及威尔士特许会计师协会在2019年第三季度的报告中也预估，因中美贸易摩擦的影响，东南亚国家的GDP增长率会从2018年的5.1%跌至2019年的4.5%，但越南的GDP增长率会稳定在6.7%左右，越南是整个东南亚发展最快的经济体。[3]

抽象的数据背后，是各行各业工厂的转移。在中国设厂的服装、鞋帽、家具等产业都已经在越南布局很久了，高科技产业也在陆续向越南转移。比如，英特尔多年前就在胡志明市设立了其全球最大的封测厂；再如，韩国电子巨头三星于2019年10月关闭了在中国的最后一家手机工厂，转移到越南，三星出口全球市

1 John Reed, Valentina Romei, "US-China Trade War Gives Vietnam a Winning Streak", *Financial Times*, https://www.ft.com/content/4bce1f3c-8dda-11e9-a1c1-51bf8f989972.

2 "US-China Trade Diversion: Who Benefits?", https://www.nomuraconnects.com/focused-thinking-posts/us-china-trade-diversion-who-benefits/.

3 "Economic Update: South East Asia", https://www.icaew.com/technical/economy/economic-insight/economic-insight-south-east-asia.

场的手机中的绝大部分已经是在越南生产的了。

大量的数据和事实都在把越南推向舞台中央，因此在 2019 年夏天，我与几个学术伙伴一起，有生以来第一次踏上了越南的土地。

— 越南初印象 —

越南的国土很狭长，南北距离长达 1650 公里，东西非常狭窄，最窄的地方只有 50 公里。这种狭长的国土形状与中南半岛的地理结构有关。中南半岛上有一段长 1000 多公里的长山山脉（又叫安南山脉），近乎中国大西南横断山脉的余脉，自西北向东南斜贯中南半岛，把东部沿海平原地区和西部山地区域分开，构成了越南与老挝两国的天然分界线。

长山山脉在越南中部的重镇岘港一带直达海岸，并贴着海岸继续向南曼延。这样一来，它就把越南分成南海水系和湄公河（在中国境内的河段叫作澜沧江）水系这样南北两个区域。围绕两大水系的三角洲形成的人口密集区——位于红河三角洲的河内及周边区域，以及位于湄公河三角洲的胡志明市（旧称西贡）及周边区域，正是越南最富庶繁华的两大经济圈，集中了越南 9000 多万人口的绝大部分。两大区域之间的中部地区，则交通不便，人口相对稀少，民风也更彪悍。

要考察制造业，得深入南北两大经济圈。我们考察的第一站是河内。

河内给我们最初的印象是，很像 20 世纪 90 年代的中国大陆。从机场坐车往城内开去，笔直宽阔的高速公路给人强烈的现代化国家的感觉。越往里走，呈现出来的则越是老城区那种乱糟糟的状态：一座座殖民时代风格的老房子，各种临时乱搭乱建的违章建筑，还有一些新盖的现代化高楼大厦，三者欠缺章法地混杂在一块儿。现代化大楼周边是新建的规划得整齐有序的宽阔马路，略微往旁边走一点，就是拥挤狭窄、有着多年历史的街道，川流不息的摩托车在各种街道上呼啸而过。

这个样子的城市，当然没有精心规划过的几何美感，却让我想起美国人类学家詹姆斯·斯科特在《国家的视角》一书中所说的话题。斯科特说道，城市里历史悠久、曲折狭窄的古老街道，对土生土长的人来说是非常清楚熟悉的，但是会让第一次来的陌生人或者商人感到迷惑，因为这些街道“缺少使生人可以自己找到方向的、在各地被重复的抽象逻辑”。这种城市与街道更重视的是地方性知识，而不是外来知识，包括外来的政治权威。地方性知识“如同半渗透膜一般，它使城内的人可以交流，而不在本地长大、不会说本地方言的人却根本不懂……对相邻城市的外来者……保持相对模糊性可以提供政治安全的边界，从而不被外来精英控制……模糊性意境，已经并仍将是保持政治自治的可靠资源”。与此针锋相对的是，“国家和城市的规划者努力克服城市空间的混乱，使之具有从外面看来的清晰透明”。[1]

对一个社会来说，真正的生机与活力来自其自生秩序的活动，而不是自上而下的整齐规划。而一个城市的自生秩序，恰恰依赖各种外人难解的地方性知识。所谓的杂乱，往往只是外人的视角，它对本地人来说恰恰是一种保护层，同时，它意味着政府压制社会之能力的限度，意味着社会自组织能力的基础。河内的杂乱并未让我感觉到不适，反倒令我感受到各种烟火气，让我有了一种好感。

到了夜晚，河内的生机进一步呈现出来。我们住在市中心著名景点还剑湖的旁边，大致相当于北京王府井附近的位置。夜晚在还剑湖边信步游走，会看到路边有大量的小摊贩兜售着冰水、椰子和各种鲜榨果汁。摊贩旁就站着警察，双方相安无事。

摊位周边摆放着一排排的塑料小板凳。这些小板凳已经融入越南人的日常生活，马路边、店门口、平常人家的门口，到处都是。人们一排排地坐在上面，吃着水果，喝着椰子汁，或抽烟，或聊天。

一开始我以为这些只是属于越南底层人民的休闲生活，富豪、

1 ［美］詹姆斯·斯科特：《国家的视角：那些试图改善人类状况的项目是如何失败的》，王晓毅译，社会科学文献出版社 2004 年版，第 67—68 页。

权贵们的生活应该是另一番奢侈景象。但在越南待了一段时间才知道，越南的权贵阶层也一样会坐在路边摊的小板凳上聊天、吃饭，而且这完全不是出于“亲民”的考虑，仅仅是因为他们喜欢。越南不同阶层人的消费是混杂在一块的，没有断然割裂开的圈层。我曾在胡志明市旁边的同奈省和一个越南副总理的侄子一起吃一个又脏又破、生意却很火的路边摊。看他摆弄自助烧烤的熟练劲儿，肯定是经常来这种路边摊吃东西。

后来我好奇地问当地人，如果富豪、权贵们也喜欢在街边坐小板凳的话，那些非常豪华、现代化的大商场又是给什么人消费的呢？答案是，基本都是给外国人消费的。

还剑湖边到处都是从古代留下来的有着几百年“房龄”的老建筑，上面还挂着中文写的牌匾、对联，甚至一扇大门上会贴着几副对联做装饰。虽然文采多半马马虎虎，但看到这些东西，还是让人感觉不像是出国了。还剑湖边有个景点叫玉山祠，建于18世纪黎朝末年，里面供奉着关帝、吕祖、文昌帝君等很多神像。我们随处都能看到的小店面里，绝大多数都会供着一个土地爷。

从玉山祠出来走了没多远，我们听到有人在唱《月亮代表我的心》。歌手的中文发音有些滞涩，走近一看，竟然是个白人姑娘。河内街头、中文歌曲、白人女孩，三种元素混搭在一块，深刻折射出越南面向世界的多元开放性。一个国家要想发展，必须具备这样一种多元开放性。

总体来说，越南给我的初始印象还不错。闹哄哄的氛围让我感觉似曾相识，城市看上去杂乱无章，却充满活力和人情味。在这种地方生活，你或许会感觉不那么光鲜，但能卸下很多防备，感到舒适惬意。

这样一个让人感觉舒适的地方，在经济上是否真的能够取代中国呢？这就得到它的工业园去看看了。

— 工业园的野望 —

我们考察的第一站是越南－新加坡工业园（Vietnam-Singapore Industrial Park，以下简称 VSIP）。这个工业园建在离河内不远的北宁省，是新加坡与越南政府合作建立的。

越南的省规模很小，毕竟全国面积不到 33 万平方公里，还被分成了 58 个省。出了河内没多远，我们就开始跨省。去往工业园的路上途经的便是红河三角洲，一路河网纵横，肥沃的土地遍布着一望无际的稻田。但是，与红河三角洲肉眼可见的丰饶相比，这里的公路显得很寒酸，路比较窄，质量也很一般，摩托车轰鸣着在各种汽车之间穿梭。从河内到工业园大概 25 公里的路程，我们花了整整一个小时才走完。

实际上，这是越南省道的常态。在除南北两个中心大城市之外的交通基础设施的建设上，越南还有不短的路要走。比如，物流要想把货物从河内运到胡志明市，选择 1 号公路的话，1700 公里的距离，两个司机倒班，也要不眠不休地走上 48 个小时。而且路上有很多地方是单车道，一旦出了事故就可能造成交通堵塞，要堵上很长时间。但除非走航空，用汽车连接这两个城市算是最快的了。火车要走上 4 天，海运的话，加上两边的陆地联程，大概要 7 天。

在省道上颠簸了一个小时后，我们进入了 VSIP，眼前的景象立刻变得很不一样。园区里的道路很平直，建筑也都非常规整又现代化，和苏州的新加坡工业园在气质上非常像。

接待我们的是一个越南小伙子，中文很好。他告诉我们，1996 年，新加坡在胡志明市附近的平阳省建立了第一个 VSIP，2007 年在北宁建立了第二个，到 2019 年，新加坡已经在越南已经建成了 8 个 VSIP。北宁的 VSIP 占地面积大约 7 平方公里，至今已有 120 家企业入驻，投资总额达 25 亿美元，园内有 3 万名工人。

我们追问，是什么吸引新加坡在越南建工业园？又是什么能吸引这么多企业入驻呢？他回答我们，最重要的原因是越南针对工业园所制定的一系列招商引资政策。

首先，工业园中的企业可以享受非常优惠的税收政策，俗称“两免四减半”。越南的企业所得税税率是 20%，而在中央政府批准的工业区里设厂的企业，头两年所得税全免，接下来的 4 年只用缴一半的税。为生产出口产品所进口的原材料的进口关税、出口货物的增值税、利润汇回税，在所有阶段全部免除。为了平衡地区发展，越南还设置了一些特别经济区，那里的政策更加优惠，企业所得税头 4 年全免，接下来的 9 年减半。企业如果在经济落后地区投资时间跨度较长的项目，土地的使用期限可以超出通常的 50 年租期，延长至 70 年；如果得到主管部门的批准，甚至可以加签更长时间。

其次，越南各个工业园给出的投资优惠政策基本上是一样的，由越南中央政府统一制定。从 2005 年开始，越南每年都会公布全国各省的竞争力指数（The Provincial Competitiveness Index，以下简称 PCI）报告。这份报告由越南工商会（VCCI）和美国国际开发署（USAID）联合制作，全面体现越南各省的经济治理水平、商业环境的便利性和友好性，以及行政体制改革的效果。PCI 报告已成为外国投资越南的重要参考，各省会在这个指数上进行竞争。

VSIP 给我们的观感很好，园区外的破旧和园区内的整洁形成了鲜明对比。而这种对比，对亲身经历过中国这些年高速发展的人来说，一点儿都不陌生，这是我们再熟悉不过的发展路径。

几天后，我们又参观了深越工业园，它位于河内东部的海防市——河内跟海防的关系有点儿类似于北京和天津的关系。深越工业园是由深圳市投资控股有限公司（以下简称“深投控”）投资建设的，早在 2008 年就立项了，但是出于各种原因，直到

2016年下半年才真正开始推动建设。鉴于对越南多年的了解，深投控虽然觉得越南应该很有潜力，但对于这个潜力究竟何时能够兑现，他们心里也没底。因此，一开始他们对工业园并没有抱特别大的期待。

深投控在刚刚开始建设工业园的时候比较谨慎。没想到，工业园刚刚建成了一部分，中美就发生了贸易摩擦。突然之间，很多企业开始寻找往越南转移的机会，深越工业园一下子变得炙手可热，每天都要马不停蹄地接待大量的考察团。深投控的投资，也以比预期快了一个数量级的速度收了回来。深投控因此大受鼓舞，开启了下一步投资计划，准备把工业园的面积进一步扩大，以便迎接更大规模的制造业转移。

从这两个工业园了解到的一系列数据和政策，都很直观地呈现出越南想要发展经济的决心。但是，与他们的交流也在验证着我之前的另一个假想，那就是如果有大量制造业企业迅速涌入越南，就会推高越南土地和劳动力的价格，它在这方面的优势就会遭到削弱。

根据美国老牌地产租赁顾问公司世邦魏理仕（CBRE）在2019年5月发布的数据，就建成工厂的租金价格来说，越南南部最大的城市胡志明市的月平均租金是每平方米4.1美元，月最高租金是每平方米8美元；越南北部经济圈（集中在河内、北宁、海防等地）的月平均租金是每平方米3.5~4美元，月最高租金是每平方米 5.5～6 美元。[1] 而在中国苏州地区建成的厂房的月租金大概在每平方米 4.2 美元，东莞地区大概是每平方米 3.6 美元，成都约为每平方米 2.5 美元。与中国的很多地方相比，越南在这方面已经没有优势。

但越南的劳动力价格有着明显的优势。2018 年，中国工人的人均月收入为 807 美元。在越南，直到 2019 年上半年，劳动力的平均月薪才达到 288 美元，而普通劳动者的平均月薪只有 206 美元。[2] 但越南有一个政策，就是国会每年都会立法上调最低工资标准。前几年的上调幅度是每年 12%～13%，对企业造成相当大的压力，所以最近几年有所回落，2019 年的上调幅度是 5.3%。但由于这几年迁移过来的企业越来越多，劳动力供不应求，技术工人和管理人员更是紧俏，企业给的薪酬通常比最低工资高不少，每年也会有相应幅度的上调。

越南的土地和劳动力价格的抬升速度超过了我的猜想。越南政府对此也比较警惕，担心过快涌入的企业让要素价格抬升太快，使越南迅速丧失竞争力。一旦这些企业再迅速转移，越南经济就会遇到大麻烦。所以政府开始进行控制，对于投资的审批也比过去谨慎了一些。

越南不仅工厂租金比中国贵，而且水电成本也高过中国，中

1 Hong Nhung, "CBRE: Vietnam Well Placed in Industrial Land", http://vneconomictimes.com/article/vietnam-today/cbre-vietnam-well-placed-in-industrial-land.

2 光大证券研究报告:《东南亚能承接多少制造业？》，2019 年 9 月。

国的水电费用价格大约是越南的2/3。总体来说，越南主要是在劳动力和税收政策方面比中国有优势，其他方面则基本上是处于劣势的。那么，单从比较优势的角度来看，唯有人工成本和税收成本（包括对美关税成本）比较高，同时对于供应链的依赖度不是那么大的产业环节，才会倾向于迁移到越南。实际上，中国不仅和越南的成本对比是这样，和其他东南亚国家的对比，在大部分时候也是如此。

由此来看，越南取代中国世界工厂地位的路似乎没那么顺畅。

来越南之前，我们就听说日本、韩国的企业在这里的影响力非常大，所以我们预约拜访了日本驻河内的贸易振兴会（Japan External Trade Organization，简称 JETRO）。会长北川浩伸先生和他的助手拿出厚厚的一摞资料，几乎要把整张桌子铺满。

这些资料是日本贸易振兴会多年来收集整理的关于越南经济发展的各种信息及数据，极其详尽，诸如越南的全国物流网数据、各省人口数量及年均收入、国际直接投资总额、历年外国投资数据的增长比例、各国的投资占比、越南历年进出口商品占比变化等，一目了然。日本人一向擅长做这种非常扎实的调研工作，相当令人佩服。

我着重关注了资料中的一项，就是从2006年到2018年年底越南接受国际直接投资总额的变化。就2018年年底的数据来看，各个国家或地区在越南投资总额的排序是：韩国（626.3 亿美元）、日本（573.72 亿美元）、新加坡（467.18 亿美元）、中国台湾地区（314.06 美元）、英联邦诸岛国（207.94 亿美元）、中国香港地区（198.45 亿美元），中国大陆（134.14 亿美元）——只排到第七名，而投资额仅是第一名韩国的 1/5 左右。

中国大陆的排名让我有些意外，不过我马上就想到了，新加坡、英联邦诸岛国和中国香港地区的投资，很可能有相当大的比例来自在那里注册的中国大陆的资本，中国大陆在越南投资的实际排名应该是个很复杂的问题。

我们问北川会长：“您觉得越南发展的前景如何？越南有没有可能发展为新的世界工厂？”

北川会长摇了摇头说：“这个恐怕很难。目前我们看到的繁荣景象都是外来投资拉动的，越南没有本土的企业家。”

“没有本土企业家？这是什么意思呢？您说的是管理能力跟不上吗？中国刚刚改革开放的时候，管理能力也跟不上，但是外企让中国人受益良多，中国人很快就学会了如何管理企业。越南人需要的可能只是时间而已。”

“也许吧。10 年后越南本土可能会浮现出一批能干的管理者，但企业家不仅仅是管理者。”

北川先生说的这个区别我当然明白，职业经理人和企业家是不一样的。北川先生说越南没有本土企业家，肯定不是说越南不会出现个体性的能创办了不起企业的精英人物，而是说个体性的精英人物不具备统计学意义，越南没有一个企业家群体。如果没有企业家群体，越南内生性的发展力量就会不足，会过度依赖外部世界的拉动。

企业家群体的出现似乎是与文化有关的事情，不同文化对世界、对人的价值的理解方式很不一样。有些文化可能会令其中的人在面对世界时被激发出特定的态度，并能在一定比例的人口中激发出企业家精神。马克斯·韦伯的《新教伦理与资本主义精神》一书就在讨论这个问题。不过这样一种文化决定论似乎太像玄学，争议很多。

但无论如何，北川先生的说法都提示我需要进一步深入了解越南的历史和文化。只有通过对这些精神要素的了解，我们才能知道，越南这个国家的自我意识是什么样的。而这种自我意识会通过它的历史叙述表达出来，并进一步落实为国民的身份认同。

如果一个国家的自我意识很不清晰，甚至是内在撕裂的，它的国民就会因身份认同的冲突陷入内耗，而不是寻求发展；如果一个国家的自我意识清晰，国民便在最底层的身份认同上有了基础共识，国家的发展也才有必要的精神动力。

我们通常说东亚是儒家文化圈，但实际上，中国、日本、韩国三国有着不小的文化差异。越南也属于儒家文化圈，而且今天由一个共产党政权执政，它的文化又有什么不同的特性呢?

— 越南史简述 —

其实，笼统地说越南是个儒教国家，这是过于含混的。

我们今天所熟悉的这样一个自北而南领土狭长的越南，是在17世纪末才初步形成的。此前，它由北向南分成三块，大致对应后来所称的“北圻”（以红河三角洲为核心）、“中圻”（以长山山脉区域为主）和“南圻”（以湄公河三角洲为核心）。[1] 三圻的历史各不相同，文化传统也有颇大的差异。

从西汉直到唐末，北圻曾有千余年断断续续被中国王朝统治的历史，基本属于儒家文化圈。而且，在被法国殖民统治之前，北圻都是属于汉字圈的。

北圻在宋初脱离了中国王朝的统治，后来自称“大越”。大越常年面临来自北方的压力，所以相对其他两圻，它的政治、军事

1 三圻的划分是1834年越南阮朝皇帝做的疆域划分。

能力都比较强。它有着类似于古代中国的科举制、官僚制，中央逐渐形成六部制，地方是州府县制——这些都与古代中国很相似。大越的统治者对内称帝，在儒家文化意象中，这本身就是对于独立性的一种强烈表达。大越在儒家世界秩序观之下，力图将周边小国整合进自身的朝贡体系，但它又对中国称“藩”，把自身整合进中国王朝的朝贡体系。这种“外王内帝”的身份隐约透露着大越的独立意愿与其现实实力之差带来的无奈。

137—1697 年，大致相当于后来中圻的区域是被占婆国统治的。中圻丘陵众多，交通不便，所以占婆国难以组织起类似于北圻大越的那种比较成形的官僚制、州府制的行政体系，它的政治结构更接近部落联盟，文化上则更多地受到印度婆罗门教、佛教的影响。占婆国曾经先后有过多个朝代，与大越战争不断。但由于中圻的地理特征，大越即便在战争中获胜，也难以统治中圻。直到清康熙三十六年（1697 年），占婆国才最终被大越灭掉。

南圻从 1 世纪开始，先后被扶南国、真腊国（吴哥王朝）统治，到 15 世纪，又被占婆国统治。占婆国灭亡后，就一并被来自北圻的大越统治。南圻的文化基本上受到印度文化的影响。这个地方河网纵横，自然资源丰富，湄公河三角洲又极易谋生，所以南圻的人生活恬淡，容易满足，南圻的社会结构也比北圻甚至中圻松散很多。

越南由北圻自北向南统一后，仅仅过了 100 多年，就遭到了法国自南向北的侵略，渐次落入殖民统治。法国强行让越南脱离了大清的宗藩体系，也将其剥离出汉字文化圈，为越南创制了拉丁化的文字。法国对于南圻是直接统治，对于中圻和北圻则是间接统治。在攻占南圻的时候，法国一并攻占了柬埔寨，后来又在与暹罗的战争中割占了老挝，然后把这三块土地合并组成法属印度支那联邦，在河内设置首府。

在这 2000 年来一系列复杂的历史演变中，越南受儒家文化影响的程度自北向南越来越浅。而文化影响与社会结构是相互塑造的，越南社会的组织成熟度也是自北向南递减的。在这种情况下，北方当然处在政治的主导地位。

但正是因为南方相对于北方的文化和政治成熟度更低，反倒更容易接受外来文化。越南受西方文化的影响程度，便是自北向南越来越深。一眼望去，胡志明市的城市规划透露出浓浓的法国风格，不愧在殖民时期被称为“东方小巴黎”。再加上南方的社会结构原本就比北方松散，自然更容易被现代经济改造，所以在近现代的越南，南方又理所当然地处在经济的主导地位。

南北双方各有优势，也有了相互抗衡的筹码。

二战期间，法属印度支那一度被日本占领。二战结束后，法国试图在那里重建殖民统治，随即遭遇反抗战争。刚刚走出二战的法国无法再负担长期殖民战争高昂的成本，便于 1954 年在《日内瓦协议》中同意越南、老挝、柬埔寨三国独立。之后，越南北方在共产主义阵营支持下，越南南方在美国支持下，分别建立了政权，南、北双方很快陷入对抗。看了前面的历史你就知道，南北方这两个政权的对峙，除了体现出冷战格局的政治对抗外，还有着深远的历史与文化基础。这些基础也让北方的战斗力远胜南方。1975 年，北方战胜了南方，实现了国家统一。

二战结束之后，很多国家都开始建设经济，越南却深陷战争。花了 30 年的时间，越南总算实现了国家的自主和统一，但很快进入与中国的敌对关系。此时的越南仍然要把军事问题摆在最优先地位，无暇顾及经济。直到 1991 年中越关系正常化，这种状况才得以终结。

长期的战争让越南的经济变得一塌糊涂，也令它错过了日本通过“雁阵模式”所带动起来的东南亚国家的经济起飞。

不过，长期的战争在越南打造出了东南亚第一强的军队。战争从来都是塑造国家能力的根本要素，越南的国家能力因此在东南亚国家中也是首屈一指的。就后发国家的制造业发展而言，较强的国家能力无疑是个加分项。

但光靠战争还不够，战争还必须获得正当性，才能转化为强大的国家能力，否则就会落入一种单纯的暴力压制与反抗的动荡之中。一个文化如此多元、历史又如此复杂的国家要想赋予战争以正当性，还需要有一种统合性的观念。

所谓的统合性观念，实际上就是一个国家的自我意识：它究竟如何表达自身？它认为自己是谁？它未来想要成为什么样子？我在《枢纽》一书中强调过，这种具有统合性的自我意识，实际上是通过这个国家的历史叙事表达出来的。只有国家的历史叙事能够做到——对内整合内部的多元性要素，对外恰当地安顿自身与世界的关系，才能令战争结果转化为强大的国家能力。

— 南国山河 —

自我身份通常包含两部分——基于过去的“我是谁”和朝向未来的“我想成为什么样子”。所以，更准确地说，一个国家的自我身份就是：用政治理念表达出自己的价值观，即“我想成为什么样子”；用历史叙事讲述“我是谁”，进而表明“我如何理解那个样子”以及“我为什么想要成为那个样子”。

现代越南在自我身份上的政治表达是三个词——独立、自由、幸福。越南政府会在各种场合强调这三个词，甚至小学生写请假条时，都要先在抬头位置写上“独立、自由、幸福”，然后才进入正文，“阮小七同学生病了，要请假”。

那么，越南这个国家是如何理解这三个词的呢？这就要看它的历史叙事了。

要了解一个国家有什么样的表达自我身份的历史叙事，有两个办法：一个是看它的国民教育是如何讲述历史的；另一个是看它的国家历史博物馆，博物馆的展示方式就是其历史观的表达。越南的国民教育我们是没法儿体验了，便专门安排出半天的时间去参观越南的国家历史博物馆。

我们能从博物馆的策展思路中一眼看出，它是北圻的人设计的，因为中圻和南圻的历史在其中都是作为补充性的外围内容出现的，真正贯穿性的主线索是围绕北圻历史展开的。

但北圻的历史里，有一件事情很难处理。在有文字记载的前1000年里，北圻基本都处于中国王朝的统治之下，越南本国称其为“北属时期”。如果明确说自己的文明和历史是通过中国王朝的统治发展起来的，越南在面对中国的时候注定会抬不起头来，甚至越南人有可能会不认同本国，而更认同中国，那越南就谈不上什么“独立”了。可不承认那段历史，也说不过去，这1000年毕竟是抹不掉的。因此，我进入博物馆后，最先关注的就是它是如何处理这个问题的。

意料之外却也在情理之中的是，博物馆里第一个展区讲述的是石器时代的历史，而且这段历史在整个展览中的占比异乎寻常地大，远远超过我在其他国家的博物馆中看到的占比。

这是一种非常有趣的叙事策略。

任何一个民族国家要想让国民对自己的国家、民族产生强烈自豪感的话，通常都会追溯到一个很古远的传统上去。而且，这个传统必须是独立发展出来的文化。只有是独立发展出来的，这个国家应该独立自主的理由才充分，而古远悠长的历史会带来某种神圣感，自带正当性。

对越南来说，有文字可考的历史起于中国王朝的统治，那它就必须把自己的起源追溯到有文字记录以前的时期，也就是石器时代，强调这才是越南历史真正的本源。而之后的历史，只不过是自身独立性的某种中断而已。因此，它当然要多加叙述那个“真正”的本源，让“独立”的说法成立。

越南的这样一种历史叙事策略并不是孤例，就后发国家而言，几乎是个通例。典型的例子是土耳其在一战之后由其“国父”凯末尔主导制定的历史叙事策略。

凯末尔构想的国家目标是，努力让土耳其摆脱伊斯兰教的束缚，然后全面西化，迅速进行现代转型，重获在世界上应有的地位。但问题是，土耳其是从奥斯曼帝国脱胎而来的，而奥斯曼帝国的荣光与伊斯兰教紧紧捆绑在一起。拒斥了伊斯兰教，就意味着拒斥了奥斯曼帝国的历史，那土耳其的历史根基何在？说不清这个问题，就无法打造国族的政治认同，国家会陷入内在的精神分裂，进而带来不断的动荡，西化、现代化就只能是个梦。

要解决这个困境，只能找到比奥斯曼帝国更古远的历史来源。于是，土耳其的历史叙事便表达为，人类文明的起源在中亚地区，由于气候变迁的压力，创造文明的先人们开始向各个方向迁徙，并与当地的土著相遇，进而发展出了各个地方的文明，诸如中华文明、波斯文明、印度文明、欧洲文明。迁徙的队伍中有一支来到了小亚细亚一带，这就是土耳其人的祖先，他们可是保留着重要古代文明内核的人群。后来这群人归信了伊斯兰教，才有了奥斯曼帝国这段历史。但是这群人并不是通过伊斯兰教获得自己的身份定义的，他们仍然通过来自中亚的古老传统获得身份定义。所以，凯末尔让土耳其摆脱伊斯兰教对一切事务的笼罩，并不是要国民放弃自己的历史身份，而是要回归到更古老、更本质的那个历史身份。[1]

通过这样一套历史叙事，土耳其的身份认同困境就解开了，伊斯兰教也从一种本质性的身份属性转化为一种附属性的身份属性。有了这种新的身份共识，现代化的政策才能相对顺利地推展开。

在这套叙事中，人类文明起源于中亚这一点，就当时的历史研究而言，并不是无稽之谈，但起源于中亚的文明和当时小亚细亚的这个人群的关联，基本上就只是通过一种历史叙事建立起来的。它是不是一种历史真实并不重要，重要的是它构成了一种政治真实，就是一种共享的历史身份被打造出来了。共同体身份便随即形成，而凯末尔的核心目的就在这里。

1 参见昝涛：《现代国家与民族建构：20 世纪前期土耳其民族主义研究》，生活·读书·新知三联书店 2011 年版。

这种历史叙事的价值与意义，完全不适合用学术标准来评价。任何一个政治体要想成立，打造共同体身份都是第一步，因为它是后续所有价值追求、制度设计的基础前提。没有共同体身份，其他东西都无法找到自己的现实载体。土耳其在今天是伊斯兰世界里现代化最成功的国家，由此可以看出，凯末尔的目标基本达到了。以此为标准来评判，他所构造的历史叙事基本上是成功的。

这样做的还有墨西哥。墨西哥曾经是西班牙在美洲最重要的殖民地，但是殖民者的后裔在发动独立战争的时候，把西班牙描述为压迫墨西哥人的外来侵略者，同时把本国的历史追溯到玛雅文明，视玛雅人为祖先。即便很多墨西哥人身上确实混有玛雅人的血统，但他们的历史、文化、语言主要是西班牙人塑造的，与玛雅人没多大关联。然而，若不把历史追溯到玛雅文明，墨西哥的所有历史都只能来源于西班牙的统治，要追求独立便欠缺历史根基。所以，追溯到玛雅文明的历史叙事，是不是历史真实并不重要，它所能带来的政治真实，也就是打造出共同体身份，才是最重要的。

再回到越南。它先是通过石器时代的历史，证明自己有独立自主的起源。然后，把西汉到宋初的“北属时期”表达为独立自主的越南被北方强邻统治但不断反抗的一段历史。这1000年间，在中国王朝天下大乱、无力直接统治北圻地区的间歇期，就是越南反抗的短暂成功阶段；没多久，中国王朝恢复稳定，重新统治了北圻地区，越南就进入继续反抗的阶段。

北圻地区在唐末一度脱离了中国王朝的统治。等北宋一统中原之后，又试图重新征服越南，一共发生过两次战争。第二次是发生在宋神宗时期的熙宁战争（1075—1076 年），宋军一路南下，连战连捷。就在越南士气低沉快要崩溃的时候，其大将李常杰作了名为《南国山河》的诗："南国山河南帝居，截然定分在天书。如何逆虏来侵犯，汝等行看取败虚。"据说越南上下受此诗鼓舞，士气大振，奋力反击，最终击败了大宋的军队。中国王朝从此基本放弃了直接统治北圻的想法，越南第一次获得了持久的独立。

《南国山河》因此被称作越南历史上第一个独立宣言，被翻译成越南现代语写入越南七年级的语文教科书中，后来还被配上音乐，由越南歌手演唱。《南国山河》构成了现代越南人自我意识的一个基本范型，也是"独立"从理念成为现实的第一个标志性意象。

之后的历史叙事就是越南君主带领人民不断反抗北方强邻威胁，保障得来不易的独立自主。特别有意思的是，展览中有一幅亚欧大陆的地图，展示的是蒙古帝国崛起之后，蒙古骑兵征服了几乎整个欧亚大陆。从图示来看，蒙古大军朝各个方向全都是锐不可当的箭头，代表蒙古大军所向披靡，但唯独在越南遭遇了牢固的一堵墙——蒙古铁骑在这里失败了。姑且不去管蒙古大军在各个方向的征战过程实际上是怎样的，仅就这两种区别化的图示而言，毫无疑问是很容易激起越南人民的民族自豪感的。

在元朝之后，越南又经历了明代初年一段短暂的北属时期——明成祖朱棣征服了北圻，将其纳入明朝的直接统治。二十几年之后，越南人再次赶走了明朝的军队，建立了后黎朝。后黎朝的开国君主发布了《平吴大诰》——因为明朝征服北圻之际仍定都南京，所以越南称其为“吴”。文中说道，大越“自赵丁李陈之肇造我国，与汉唐宋元而各帝一方”，意思是大越自视为与中国王朝平起平坐的“南帝”。

《平吴大诰》被称作越南的第二个独立宣言，在越南后世有“千古雄文”的称誉，后来也被翻译成现代越南文，以《我大越国》的题目被节选收录到越南的初中语文教科书中。这是“独立”的第二个标志性意象。

之后不久，明清易代，此时周边儿个儒教国家都面临一个如何理解“中国”的问题。

“中国”原本是指天下的中心，内在包含着文明的中心的意涵。在儒家文化中，中原有着一种虽未明言却心照不宣的特殊地位——只有占据中原的政权才会被默认为文明的中心，也就是“中国”。但是清朝入关，曾经的“蛮夷”占据了中原，这让周边的儒教国家陷入一种观念困境。它们直觉上会认为，“蛮夷”无论如何不应该被承认是文明的中心，大清也就不应被称为“中国”，否则，它们就堕落为比“蛮夷”还不如了。但大清毕竟占据着中原，按照那心照不宣的共识，这已经被视作“中国”的代名词，不承认也说不过去。

在这种左右为难的困境中，这几个外围儒教国家发展出一种策略。虽然中原的特殊地位是心照不宣的，但儒教经典中毕竟未曾明言，那干脆就不再认这个没有明言的心照不宣，只从抽象的文明角度来理解何谓“中国”。既然中原已经被“蛮夷”统治，那么占据中原的政权也不再自动拥有“中国”的身份，谁能保持文明，谁才是“中国”。日本由此发展出“华夷变态论”，[1] 主张统治中原的王朝已经变为“夷狄”，今后的日本才是“中国”。

越南也发展起类似的观念。博物馆中有一幅越南人在 18 世纪画的《外国图》。图的核心位置是“中国”，周边围绕着一系列前来朝贡的外藩，比如高丽国、日本国、大琉球国、小琉球国、爪哇国、暹罗国、浡泥国、吕宋国、哈密国等，以及穿胸国、女人国等《山海经》中描写的国度。但它们投奔而来的“中国”，实际上是越南。因为越南人认为，在明清易代之后，越南才是文明的担当者，进而是天下的中心，是“中国”。

这样一种观念反映出越南北圻地区对于儒教秩序的深刻信念，这在河内的文庙中也有清晰的表达。文庙建于 11 世纪，是一座规

1 “华夷变态”的说法，来自日本江户时代上报给德川幕府的中国形势报告书（即所谓“唐船风说书”）的文件汇编，这本汇编后被命名为《华夷变态》，收录文件的起止年代是 1644—1724 年，正是清朝从入关到统治稳定下来的时期。

模很大的中式建筑。我们走过若干进院之后，来到大成殿。殿正中供着孔子，两边配享着四大圣人，也就是复圣颜子、宗圣曾子、述圣子思和亚圣孟子，格局与中国一模一样。从大门到殿内，到处都是中文对联，大殿正中的主联更是气象非凡——上联是“一元磅礴周流天地所生天地小”，下联是“万代褒封尊敬帝王而后帝王师”。对联的意思是，帝王只不过是世间权力的载体，他们也必须服从于文明的秩序，一介布衣，倘能养成磅礴浩然之气，便可为天下范。在儒家看来，这是一个政治体超脱于简单暴力、达于文明的根本表现。越南认可这种理想，并认为自己在努力实践这种理想。反过来，它认为大清是以力取胜，所以自己更有资格成为“中国”。

参观博物馆的展览时，我时时可以感受到，越南不断以中国作为他者来确认自身，表达着很强的主体性意识。在谁是“中国”无从质疑的时候，越南的主体性表现在对“独立”的强烈追求上；在谁是“中国”似乎可以争议的时候，这种主体性甚至表达为越南要自封为“中国”。

可以说，文化上的“中国”理念给了越南较强的主体性追求；而现实中有了中国这个强大的他者，又让越南的主体性追求只能表现为对“独立”的追求。现代越南所表达的“独立”，很大程度上是对其古代表达的重释而已。

古代越南的“独立”，是君主带领人民一起追求的，但在近代，君主成了法国殖民者的傀儡。越南的历史叙事就此转为，君主背叛了人民，投靠了殖民者，越南人民开始面对君主统治者和殖民统治者这两座大山的压迫。既然君主背叛了人民，人民就要凭借自己的努力去追求“独立”，而且还要追求不受两座大山压迫的“自由”，以及能够按照自己的意愿生活的“幸福”。

如何成功推翻两座大山呢？越南人民必须自主地组织起来。这就意味着要不断地去发动群众，尤其是底层群众。要发动群众就需要一系列新的理念，西方所提供的民族主义理念因此成了越南人重要的思想武器；西方还提供了另一种更高效的底层动员的意识形态，那就是共产主义。最终，正是共产主义革命把君主统治者、殖民统治者（包括后来接替法国人的美国人）都推翻了，从而建立起“独立、自由、幸福”的国家。

由此，越南的历史叙事就可以无缝对接到它的共产主义革命这段历程。也因此，越南人有了他们的第三个独立宣言，就是越南共产党领导人胡志明于1945年在河内发布的《独立宣言》。

从《南国山河》到《平吴大诰》，再到《独立宣言》，这三个“独立宣言”接续下来，越南就打造出一个自己不断反抗强邻和殖民者、追求自主的千年历史，而“独立、自由、幸福”这三个观念，作为现代越南的自我意识，也在其历史叙事中（古代越南反抗北方强邻，近代越南反抗殖民帝国）不断被现实化、被直观化，在方方面面渗透到现代越南人的日常生活之中。

值得注意的是，在“独立、自由、幸福”这三位一体的观念里，占第一位的是独立。独立一定是有一个对象的，也就是我相对于谁独立。这个对象肯定是身边的强者。越南作为一个中等规模国家，身边永远会有强者，也就永远会有能够清晰识别出来的他者。在这个意义上，越南从古到今的所有努力，从根本上来说都是一种民族主义的努力，其他的观念都只是用来达成民族主义目标的手段。

手段是可以为了目标让步的。如果想要改革，更好地实现“独立、自由、幸福”的目标，手段是不会对改革构成实质性阻碍的，最多只会构成一些需要处理的技术性问题。所以，越南在改革中的弹性和自由度都相对较大，这也是它在最近几年能够取得一系列令人瞩目的成就的重要原因。

梳理到这里，越南的几个值得关注的特点就浮现出来了。

第一，越南通过历史叙事，打造出了一个有着较强自尊心和独立意识的民族。第二，现实的国际处境让越南的各种政治追求在根本上都是一种民族主义追求，任何意识形态都是帮助它实现民族主义追求的外衣，所以它在改革问题上、在观念层面有更大的灵活度、自由度。第三，强大的独立意识让越南在二战后陷入了长期的战争，但这个过程也锻造出东南亚首屈一指的强大军队，从而带来了东南亚国家中最强的国家能力。第四，强大的国家能力，再配合越南庞大的人口数量、年轻的人口结构、优秀的人口质量，以及儒家文明较强的入世取向，都促使越南在机会来临时比其他东南亚国家更能够把握住机会。

这样一系列认知，让我们对于越南有了更加立体的理解。那么，它究竟会对中国的世界工厂地位造成什么样的影响呢？制造业向越南的转移，究竟是什么意义上的转移？越南的发展前景又可能是什么样的呢？

我们还想再了解下越南人自己是怎么看这些问题的。带着这样的疑问，我们前往越南河内国家大学。

第三章

『因为我们有广州！』

—“胡志明”的回答—

坐在我们对面的这个人身材瘦小，面容清癯，眼神透彻，留着一缕山羊胡，冷不丁一看，简直就像是越南“国父”胡志明。

“你们可以叫我 Felix（费利克斯）。”“胡志明”这么自我介绍，他的越南名字叫阮德成。他于 10 多年前在日本拿到了发展经济学的博士学位，现在是河内国家大学下属经济大学经济与政策研究院的院长，还担任《越南经济年度报告》的主编，在越南媒体上也很活跃。Felix 常来中国，对中越两国的状况都很熟悉。

谈到越南最近这些年的高速发展，他的一系列分析相当专业。我问他：“越南正在大力吸引各种各样的制造业进来，那么越南有没有自己的产业政策呢？”产业政策是发展经济学中经常会触及的问题。

让我大吃一惊的是，Felix 斩钉截铁地说：“我们不需要产业政策，因为我们有广州！”

我晕掉了："什么叫你们有广州？"

"我们生产时缺什么东西到广州去买就好了，不需要产业政策。"

当然，他所说的"广州"只是一个意象，实际上指的是整个中国东南沿海——我很快就读懂了他的潜台词。一方面，中国东南沿海制造业体系完善，能够提供越南企业需要的各种原材料和零部件。而且越南与中国接壤，从河内到广州，走陆路和海路都只需要不到两天时间，甚至比从胡志明市到河内还快。因此，越南缺什么去中国买就可以了，不需要自己的产业政策。另一方面，越南规模太小，"广州"规模太大，后者的外部性效应对越南有着极深的影响。即便越南有自己的产业政策，一旦"广州"有了什么新动作，或发生什么变化，越南所依托的外部环境就变了，它的产业政策也就作废了。

我读出的潜台词很快就得到了 Felix 的验证。

我追问他："你认为越南会发展到什么程度呢？是发展成下一个中国台湾，下一个韩国，还是……咱们大胆想象下，会不会发展成下一个日本？"

"这些都不可能！越南能够发展的最佳状态，就是介于中国台湾地区和马来西亚之间的水准。"

"中国国内有很多讨论，说越南发展飞快，未来很可能会取代中国世界工厂的地位。"

Felix 回应得更加坚决：“怎么可能取代得了中国！越南的规模太小了。我们能做到的最好程度，就是在和中国的经济联系中找到越南的比较优势，把自己嵌在一个合适的位置上，搭上中国的顺风车发展起来。”

坐在 Felix 旁边的是河内国家大学下属的经济大学的副校长阮安秋，她也是从日本毕业归国的发展经济学的博士。听了 Felix 的观点后，她微笑着点头表示同意。

好吧，这是“胡志明”说的，那我就信了吧。

— 为什么是“广州” —

Felix 把中越经济关系的核心放在了规模差异上。我们先简单看一下中越经济规模的对比。

越南在 2018 年的经济增长率是 7.08%，快过中国的 6.6%。如果仅仅看增长率对比，你可能觉得越南会对中国构成挑战；一旦把规模考虑进来就会发现，增长率能说明的很有限。2018 年，中国的 GDP 是 13.6 万亿美元，越南则是 2425.5 亿美元，后者大约是上海的 1/2，深圳的 2/3，不到苏州的 9/10，大致相当于山西或黑龙江的水平，略低于云南和内蒙古，略高于贵州。如果把越南 2018 年的 GDP 和中国各城市的 GDP 放在一起排序，越南能排在第 8 名，介于苏州和成都之间。

越南经济中还有个特殊的结构性风险，就是三星公司。越南三星占了三星集团总产值的 30% 左右，但越南三星的产值近几年都占越南 GDP 的 25% 以上，其出口额也占了越南出口额的近

25%。越南三星的经营近乎一种“半体外循环”的状态，经营结构是“两头在外”的——零部件、半成品的供应主要来自海外，制成品的主要销售市场也在海外。除了就业，越南三星和越南本地的经济联系相对有限。

进一步的数据显示，“两头在外”并不是三星这一家公司的特征，而是越南经济的结构性特征。表3-1是2014—2018年这5年来越南进出口贸易的数据，[1]从中可以看出，越南的进出口增速较快，越南的外贸依存度（进出口总额/GDP）原本就很高，现已逐年攀升到接近200%，[2]但越南的顺差率（顺差额/进出口总额）很低，始终在1%上下徘徊，也就是说，进出口过程中完成的增加值很有限。

---

1 数据源于越南统计总局网站（https://www.gso.gov.vn）。

2 对出口型经济的小国来说，外贸依存度可能会大于100%。因为GDP是国民经济各行业的增加值，GDP=消费+投资+政府购买+净出口（出口额－进口额）；进出口总额是所有进出口商品合计的销售价格，而不是增加值。外贸依存度大于100%并不是罕见现象，据统计，2017年有大约20个国家的外贸依存度大于100%，诸如新加坡、斯洛伐克、比利时、荷兰、马来西亚、泰国等。外贸依存度最高的新加坡达到216.4%。

表 3-1　2014—2018 年越南进出口数据

年份	GDP	进出口总额	外贸依存度	出口额	进口额	顺差额	顺差率
2014	1862.1	2980.7（12.9%）	160.1%	1502.2（13.8%）	1478.5（12%）	23.7	0.79%
2015	1932.4	3277.9（10%）	169.6%	1620.2（7.9%）	1657.8（12.1%）	-37.6	-1.15%
2016	2052.8	3515.6（7.3%）	171.3%	1765.8（9%）	1749.8（5.6%）	16	0.46%
2017	2237.8	4283.3（21.8%）	191.4%	2151.2（21.8%）	2132.2（21.9%）	29	0.68%
2018	2425.5	4808.8（12.3%）	198.3%	2437（13.3%）	2371.8（11.2%）	65.2	1.36%

注：上列各项（除外贸依存度、顺差率以外）的单位为“亿美元”；进出口总额、出口额、进口额三列括号中的数字是相对于上一年度的增长率。

进一步考察越南的贸易结构后，我们发现，越南进口的主要是机器设备和中间产品（零部件、半成品等），出口中则有较大比例是终端产品。

据越南统计总局的报告显示，2018 年，越南的进口品主要包括三大类：机械设备为主的资本性货物（占比 30%）、中间产品（占比 60%）和消费品（占比 10%）。该年的进口中有超过六成是由外商投资企业完成的。中国是越南最大的进口来源地，其次是韩国，东盟国家排在第三位。而 2018 年越南的出口品中，最主要的是手机、纺织品、电子产品、鞋子等面向终端消费用户的产品。出口中则有超过八成是由外商投资企业完成的，越南本土企业只在水产品和木制品的出口上占据主导地位。出口市场中最大的是美国，其次是欧盟，中国排在第三位。

基于越南超高的外贸依存度、极低的顺差率，以及上述这种贸易结构，我们大致可以看出，越南做得更多的是对进口的中间产品进行简单加工然后再出口，这一过程中能够实现的增加值比较有限。并且，进口、出口中压倒性的比例是由外资企业完成的，在这个意义上，甚至可以把越南的大规模进出口理解为一种特殊意义上的转口贸易。东亚国家的制造业企业将生产流程中的最后环节放在越南完成，并不是以在当地形成足够大的增值为目的的，而是为了两点：第一，利用越南较为便宜的劳动力，完成劳动力占比较高的生产环节；第二，借用越南优越的外贸环境，完成其出口目的。[1]

表 3-2 是 2017—2018 年越南与其主要贸易对象的贸易数据。[2]可以看到，越南对中国大陆、韩国、东盟、中国台湾地区都存在巨额贸易逆差，来自这几个地方的进口超过了越南进口总额的

1 越南享受美国的最惠国待遇，又与欧盟在 2019 年 7 月签署了自由贸易协定，会逐渐免除 99% 以上的关税。越南加入的全面与进步跨太平洋伙伴关系协定（CPTPP）也开始生效了。这些都让越南的外贸环境变得非常有吸引力。越南政府规定，进口的半成品必须在本地完成 30% 的增值，才可以贴上越南的原产地标签。但从数据上看，要真正达到 30% 的增值，越南还有不短的路要走。

2 数据源于越南统计总局网站（https://www.gso.gov.vn）。

2/3，对美国、欧盟则都是巨额贸易顺差，这种贸易对象的结构进一步验证了前面的推论。

表 3-2 2017—2018 年越南与主要贸易对象的贸易数据（亿美元）

	2017 年				2018 年			
	总额	进口	出口	顺差	总额	进口	出口	顺差
中国大陆	939.2	585.3	353.9	−231.4	1069.4	655.7	413.7	−242
韩国	617.5	469.4	148.1	−321.3	658.7	476.3	182.4	−293.9
美国	508.7	93.4	415.3	321.9	602.8	127.5	475.3	347.8
东盟	500.4	283.6	216.8	−66.8	566.9	318.4	248.5	−69.9
欧盟	504.9	122	382.9	260.9	559.4	139.5	419.9	280.4
日本	337.1	169.2	167.9	−1.3	379.4	191.1	188.3	−2.8
中国台湾地区	152.8	127.1	25.7	−101.4	163.9	132.4	31.5	−100.9

再看看越南的领土和人口。

越南国土面积为 33 万平方公里，约为中国的 1/30。但是，越南领土上的基础设施建设还有很长的路要走，具体可以参看我在上一章提到的物流效率。我们在河内还拜访了越南河内交通大学的 Kien（健）教授，他同样是在日本拿到的博士学位。Kien 教授告诉我们，越南交通部下设港口局、公路局、铁路局，彼此之间的配合性比较差，基础设施的水平本来就不高，行政管理上的问题则进一步降低了物流运转效率。

越南2018年的人口大约为9600万，这些人口主要分布在南北两大三角洲。但是Kien教授告诉我们，越南的两个主要港口（北部红河三角洲地区的海防港和南部湄公河三角洲地区的胡志明港）彼此之间的联系较少，两地的联系甚至远少于它们分别与世界其他地区的海运联系。虽然南北之间也可以通过公路和铁路联系，但是受制于较低的基础设施建设水平，反倒是越南北部地区与中国在陆地交通上的联系比较紧密。这就意味着越南内部在经济上的整合性还不到位。在某种意义上，越南内部可以被分成两个半独立的经济圈，各自有3000多万人，其余的人则住在经济落后的山区或中部区域。不过，这种两个半独立经济圈的状态目前并未对越南的经济发展构成实质性影响，因为越南当下还是一个具有高外贸依存度的经济体，主要进行的是简单加工。

对照之下可知，越南的人口规模、领土规模、经济规模、高质量基础设施的规模、优秀工程师的规模，以及每年培养出的合格大学生与熟练工人的规模（下一章对于优秀工程师和大学生、熟练工人的问题还会有深入讨论），与中国相比，都差着一个甚至两个数量级。考虑到这样悬殊的实力差距，越南确实是不可能取代中国世界工厂的地位的。

我们做个假想，如果东莞地区的制造业在短时间内都转移到越南，越南会发生什么变化呢？东莞的产值大约相当于越南整个国家的一半，并且东莞的工业占经济结构的比重远远大于越南。这意味着越南的制造业会一下子膨胀一大半。随即，越南的土地价格会暴涨，合格工人不够用，人力成本会暴涨，大量热钱也会涌进来，这将导致越南出现严重的资产泡沫。可是，要素价格上涨过快令越南丧失了原本的比较优势，热钱又会迅速跑掉，越南百姓的财富可能会在资产泡沫中被洗劫一空，从而引发严重的经济危机、社会危机，乃至政治危机。这对任何一个国家来说都是极为可怕的经济高烧及后遗症。

而这还仅仅是东莞的制造业转移到越南而已。考虑到这些，便可知道 Felix 关注“广州”的规模的力量，认为越南发展的最佳状态是介于中国台湾地区和马来西亚之间的水准，完全不可能取代中国，确实不是谦虚。

— 供应链网络的力量 —

我在第一章里分析过，美国最新一轮的创新对经济的拉动，以及一系列非常有趣的政治经济学过程，让中国发育出今天全球规模最大的制造业供应链网络。这个网络中的分工越来越细，单个企业的专业化分工可以达到令人匪夷所思的程度；网络中无数个企业彼此之间互为配套关系，而且配套关系可以依照订单需求不断动态重组，以生产出各种各样的产品；中国庞大的工程师群体和熟练工人群体，则为供应链网络供给着庞大的人力资源；中国高度竞争性的环境、中国人强烈的发财致富的欲望，都让这个供应链有了无与伦比的效率。

供应链的这种运转效率使中国获得了一种独特的竞争优势，哪怕是生产一个低技术产品，除非这个产品对供应链的需求很低，并且人工成本在总成本中的占比很高，否则其他国家不大容易与中国竞争。因为中国有能力把产品的综合生产成本控制在一个非常低的水平，这种成本控制能力依托的是一个庞大的供应链系统，而不是哪个廉价的生产要素。

而且，中国庞大的供应链，并不仅仅依托世界市场的拉动，还依托中国内部庞大消费市场的拉动。近年来，国内消费市场的拉动效应越来越明显。

可以简单看一下中国自改革开放以来外贸依存度的变化，图 3-1 是 1978—2014 年的变化过程。[1] 1978 年，中国的外贸依存度只有 9.73%；随着中国逐渐融入世界，外贸依存度到 2000 年发展到 39.36%；在 2001 年加入 WTO 后，中国的外贸依存度迅速升高，在 2006 年达到了历史最高的 64.77%。在这个阶段，世界市场对于中国经济和供应链的拉动效应很大。在这之后，中国的内需市场逐渐发展起来，外贸依存度开始下降，2018 年已经下降到 34% 左右，而中国经济发展并未成比例地降速。这意味着内需对中国经济发展的拉动力量越来越大。

1 穆学英、任建兰、刘凯：《中国外贸依存度演变趋势与影响因素研究》，《工业经济论坛》2016 年第 4 期。

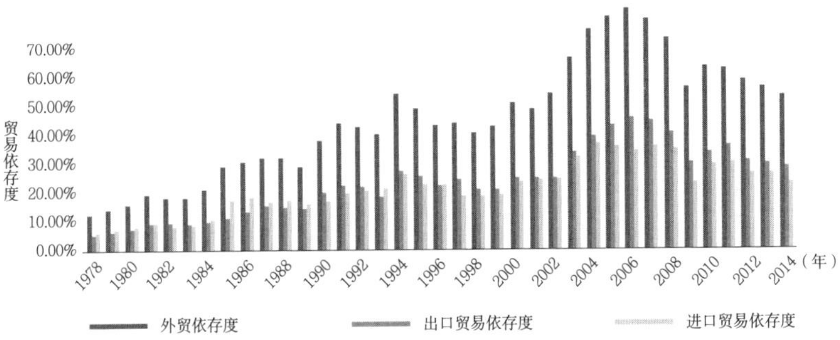

图 3-1 1978—2014 年中国出口贸易依存度趋势

据国家统计局的数据显示，2018 年中国社会消费品零售总额同比增长 9.0%，达 38.1 万亿元，同期美国全国社会消费品零售总额是 6.04 万亿美元，同比增长 5%。按当年汇率计算，中国消费市场的规模相当于美国的 95.36%。到 2019 年，中国已经超过美国成为全球最大的单一国家消费市场。

这些数据意味着中国的供应链网络并不会因一部分生产能力的外移而出现萎缩，因为内需的成长可以填补上来。

就算越南在未来的发展过程中发展起自己的供应链网络，但它自身的体量过小，能够支撑的供应链规模是完全无法与中国相比的；虽然它面向全球市场，但由于其过小的体量，所能支撑的供应链规模还是与中国有着巨大的差距。那么，越南供应链内部的分工深度和配合弹性，即供应链的运转效率，也是远远比不上中国的。

这也就意味着，转移到越南的制造业企业，如果是对供应链有较高需求的，那么从中国供应链进行采购，尤其是从中国采购生产流程上游的各种标准件，还是会比从越南采购更高效。这样一来，向越南转移的制造业能力，就不是从中国转走了，而更多的是与中国的供应链形成一种嵌合性关系。

当然，这里有个前提，那就是中国与越南的通关成本不能太高。随着中国与东盟的自由贸易伙伴关系的推进，中越两国的通关成本在不断下降。我从在广西的调研中也得知，中越两国的通关效率正在大幅提升。几年前，即便是资质比较优良的发货商和承运商，在中越最大的陆上口岸广西凭祥友谊关口岸要为一辆货柜卡车办理通关，顺利的情况下也需要 4 个多小时；现在，顺利的话只需 1 个多小时就够了。区域全面经济伙伴关系协定（RCEP）有希望在不久的将来正式签署，如果能够顺利签署，则东盟与中国、日本、韩国、澳大利亚、新西兰等国之间会结成更大的自由贸易伙伴关系。这些都会继续降低通关成本。

我们在越南的调研还发现，笼统地说有哪些公司把工厂搬迁到越南，意义不大。因为现在的全球经济已经是在工序层面的跨国分工，生产者会在各国寻找有比较优势的要素，将生产环节配置在合适的地区。就越南相对于中国的比较优势来说，一方面是生产要素价格上的优势，尤其是劳动力价格，另一方面是与其他国家进行贸易时在关税上的优势。

考虑到这些，我们就可以发现往越南转移的生产企业的一些特征。

这些企业不是把完整的生产线搬过去，而是把生产流程中特定的工序转移到越南。基于前面的数据分析可知，转移到越南的特定工序往往是最后的组装工序。因为这道工序只需要把零部件装配在一起，而不需要再对零部件做复杂的处理，对于供应链的需求相对较低，人工成本占比相对较高，越南在这方面是有比较优势的。但越南在前段环节（对零部件做相对复杂处理）的能力还不大跟得上，相应的制造业便很难转移到越南。

在这种生产能力转移的逻辑中，用传统的划分方式对不同产业做技术的高低之分已经不合适了。同样一种产品，其不同生产工序或环节的技术含量是很不一样的，不同工序的增加值也是很不一样的。在生产工序进入跨国分工的阶段后，传统的生产概念就已经被打破，传统的分析框架便也遇到了适用性边界的问题。

甚至就一道工序而言，该工序所需的中间产品本身在生产流程上也有着复杂的跨国分工。我们采访了 2000 年就开始在越南创业的家具厂老板任泽忠先生，他向我们提供了一个非常好的案例。

任泽忠先生说，家具产业供应链包括五金、油漆、板材、皮革、纸箱等十几种配套产业。越南已经发展起家具行业配套所需的本地供应商，但这些供应商进行生产时所需的原材料仍然要从中国进口。比如，在越南生产一张沙发，其中 90% 的皮革材料来自江苏，80% 的海绵原料也来自中国；生产家具时所用的夹板，90% 以上来自山东临沂；与家具行业配套的五金产业，其中大约 60% 的铁要从中国进口，再在越南本地加工成五金。就连用来包装家具的纸箱这个配套产业也离不开中国。虽然纸箱本身是从越南当地直接采购的，但制作纸箱的原材料——纸板还是要从中国进口。要生产纸箱，先要有原始木材做成的原浆，然后再用回收的废纸打成次浆，次浆混在原浆里做出纸皮。纸皮只有一级厂能够生产，接下来二级厂会把纸皮加工成纸板，最后三级厂把纸板加工成纸箱。由于资源和规模的限制，越南目前只有三级厂，所以只能从中国进口纸板再加工成纸箱。[1]

在我们通常认为技术含量很低的家具业，越南的产业与中国乃至世界上的供应链网络都有着这样复杂嵌合的关系，更不用说技术含量高很多的电子行业了。我们在越南考察时也获得了大量相关案例，它们表明制造业从中国向越南的转移，并不是从中国转走，而是中国供应链网络的一种外溢。

1　在根据此书改编的音频课程“中国制造报告 20 讲”于 2019 年 12 月 20 日在得到 App 上线之后，有收听了课程的用户指出，任泽忠的这个说法可能对最新动态跟踪不够。越南的造纸业正在发展，比如玖龙纸业、理文造纸在 2017 年就去越南投资，可以生产箱板瓦楞纸，2018 年也有中国台湾和日本的一些造纸企业在越南投资扩产。在此我对用户的细心指正表示深刻的感谢，出现这个瑕疵与任泽忠先生无关，毕竟他不是造纸行业的，没必要去跟踪最新动态；问题只出现在我这边，是我在调研后的信息核实工作做得还不是足够细致，因此我在文中引用的说法也需要修正。但是我宁愿在书中仍保留这个小瑕疵，只是通过这个注释来弥补一下。因为这个小瑕疵并不会影响本书理论框架的整体解释力，却可以把我在调研中的现场感保留下来。

这个外溢过程有一部分是因为市场规律的作用。要么是企业要找特定生产环节比较优势更高的地方，比如在对供应链要求不高、人工成本占比比较高的生产环节，越南具有比较优势，要么是企业在布局全球市场时有某些考虑，比如我们考察到的海尔、TCL 等家电企业。

还有一部分是国际政治方面的原因。访谈中有若干企业谈到，如果不是因为中美贸易摩擦，它们很可能不会迁移到越南来。因为对它们来说，在越南生产并不如在中国生产划算。虽然越南的劳动力价格低，但是工人的工作效率也低。而且，越南的土地价格并不便宜，生产方面也没有足够完备的供应链支撑，大多数原材料都要从中国进口，这又增加了物流成本，还有语言不通增加的管理成本……但它们的产品主要是出口美国市场的，迁移到越南就成了一个无奈的选项。不过，迁移之后它们仍然与中国的供应链网络有着千丝万缕的联系。

— 日、韩路径与澳、加路径 —

由这些出于国际政治原因迁移的企业出发，我们可以牵引出一个值得分析的问题。

美国对越南的关税政策比较友好，中国却要面对美国的高关税，在一种特定的意义上，越南与美国可以被视作一个关税区，而中国处在这个关税区之外。这就相当于越南的制造业在与中国进行竞争时被动地获得了一种关税保护。这种保护还有个好处，就是越南会被美国的政策进一步刺激为出口导向型国家，而不是像通常的保护贸易那样成为一个追求进口替代的国家。我在第一章讲过，纵观各国追求现代化的历史，奉行进口替代政策的基本上没有成功的，成功的国家都是奉行出口导向政策的。说得更准确些，虽然追求出口导向未必一定成功，但仅仅追求进口替代有很大概率会失败。

更多奉行出口导向的日本、韩国与更多奉行进口替代的拉丁美洲国家，它们不同的经济发展结果就是现成的历史经验。那么，如果给定足够长的时间，越南在前述的贸易环境下，是否有机会发展成类似日本、韩国那样的经济强国呢?

且把越南放一放，我们进一步分析一下日本、韩国。与英国、美国这种先发国家不一样，日本、韩国都是由后发国家发展而成的富国，但是略加比较就会发现，日本、韩国与澳大利亚、加拿大这种后发富国又有着较大区别。日本、韩国都有自己完整的工业体系，澳大利亚、加拿大则没有自己完整的工业体系。这虽然不会阻碍澳大利亚、加拿大成为富裕国家，但它们变富裕需要一个前提，就是它们要主动把自己的经济嵌入美国主导的经济秩序之中，在其中找到一个能发挥自己比较优势的特定位置，并在一定程度上放弃经济的自主性，进而放弃安全自主性。日本、韩国这样有完整工业体系的国家，则有着一定程度的经济自主性。虽然日本、韩国现在还是嵌在美国的安全秩序之中，但做个极端的假想，如果它们遇到特殊情况，需要在安全上自主，它们迅速发展起安全自主性的能力肯定远远好过澳大利亚、加拿大。

不过，我们不能仅仅抽象地比较日本、韩国和澳大利亚、加拿大两种类型的优劣，毕竟两种类型都带来了较高水平的国民福利。这两种类型背后对应着两种不同的政治、经济、外交策略选择，它们可能会以不同的方式影响国民福利分配结构，从而也要求着不同的制度安排以便消化不同的社会后果。那么，如果一个国家要在这两种不同的策略中做选择，影响选择的根本因素是什么呢？是这个国家身处的国际安全环境。

按照这种分析思路，我们就可以把前文关于越南的问题换一种问法：目前看来越南是颇有机会发展起来的，但它未来发展所走的更可能是日、韩路径，还是澳、加路径呢？也就是说，越南有愿望、有机会发展起自己完整的工业体系吗？它身处的国际安全环境，会给它的策略选择带来什么样的影响呢？

这些问题的答案影响着越南在全球经济秩序中的结构性位置。目前看来，答案很可能是这样的：在技术条件不出现实质性跃迁的情况下，越南难以发展起完整的工业体系，主要原因在于越南面对着国际安全环境中的一种结构性困境。

要解释这个答案，我们还是得暂且放下越南，先来看一下日本、韩国是怎么发展起完整的工业体系的。

一个国家要发展出完整的工业体系，就必须发展出重化工业，否则就发展不出现代工业经济所必需的原材料生产能力和机器生产能力，国家在底层工业基础上就必须依托其他国家。重化工业相当于工业经济中基础设施性的产业，日本、韩国都是先发展出重化工业，才有机会发展出自己的工业体系的。

但就后发国家来说，依照市场经济的逻辑，重化工业并不是一种很好的投资。一种产业在作为创新产业刚刚出现的时候，会有很好的利润空间，但是在它出现了几十年之后，随着技术的扩散，效益会跌到平均利润率的水平，这是创新经济的一种常态。重化工业是19世纪后期德国、美国率先发起的第二次工业革命的产物，还是资本密集型产业（投资规模巨大，回收周期较长），效益早就落到了平均利润率的水平。对资本本就匮乏的后发国家来说，发展重化工业不符合市场环境中的比较优势。另外，就重化工业的资本规模而言，它吸纳就业的能力相对较低，[1]而后发国家通常都处于劳动力过剩的状态，这就更不符合它们发展重化工业的市场逻辑了。

但一个国家需要关注的并不仅仅是经济问题，还有国家安全问题。如果它的国家安全环境不是很好，就有可能选择不顾市场规律，由国家主导来推动重化工业的发展。然而，这种推动方式通常会造成国民福利受损，极端情况下甚至会扭曲、败坏这个国家的社会。因此，需要一些制度安排消化这些问题，否则会把国家卷入糟糕的状况之中，最终要么崩溃，要么被迫经历痛苦的涅槃才能重生。

日本、韩国都经历了这样的发展过程，[2]但它们都不是通过国

---

1 据学者对中国经济发展的统计，在中国经济以轻工业为主的发展阶段，GDP每增加一个百分点，就能安置300万人就业；而在重化工业阶段，GDP每增加一个百分点，能安置的就业人数下降到70万人。具体参见刘世锦：《我国正在进入新的重化工业阶段及其对宏观经济的影响》，《经济学动态》2004年第11期。

2 关于财阀问题，我从与刘庆彬教授的讨论中获益颇多。

家直接投资，而是通过国家扶持一些大财阀发展重化工业的。之后它们又经历了一段痛苦的转变，才修复了财阀制度带来的问题。

先看日本。它在明治维新之后有着强烈的脱亚入欧情结，要把自己发展为和西方一样的强国；在一战之后，它感觉自己并未受到西方世界的平等对待，又生出强烈的整合起黄种人对抗白种人的情结。这些都让它在国际安全层面有一种精神紧张，也就亟欲发展起自己强大的工业能力。这种工业能力是现代战争能力的基础。

明治维新之后，日本政府曾经直接投资一些重化工业企业，但没过多久就发现国有企业的运营效率大有问题，遂把这些企业以很低的价格甩卖出去，转而着力培养民间的大财阀。后来，日本逐渐形成了著名的三井、三菱、住友、安田“四大财阀”。这些财阀不仅以很低的价格拿到了政府甩卖的国有企业，而且从政府那里获得一系列特许经营授权和低息贷款。相应的条件是，财阀要配合政府所做的一系列经济规划，发展政府所需要的产业，并接受政府时不时对其具体运营的直接干预。几大财阀差不多属于一种官督民办的逻辑。

在政府的大力帮助下，财阀都发展到富可敌国的程度，并在一战后开启了日本的第一次重化工业发展。但是，财阀体制严重扭曲了国家内部的资源配置，造成国民福利的大量损失，倚重财阀的政府还会出手压制民间的不满。与财阀深度捆绑的政府，因此成为民间力量眼中的邪恶存在。

在日本极具影响力的民间组织黑龙会[1]，便致力于改造体制，追求用政治手段推动财富向社会中下层的分配。意识到国内资源的不足后，黑龙会又进一步支持军部压制文官政府，以实现日本追求海外资源的目标。军部最终架空了文官政府，与黑龙会达成了民间组织与法西斯政权的合谋。

在开启现代转型半个多世纪之后，日本发展起自己的工业体系，并成为二战的亚洲策源国。二战中，日本为了应对战争，把整个国家改造成战时统制经济。吊诡的是，这种统制经济与对国民经济有巨大操控力的财阀体制有着很好的契合性。日本战时统制经济背后的操盘手，就是从三井财阀走出来的大掌柜。自此，民间组织、军部法西斯政权、财阀体制联起了手。

我们可以从整个过程中看到，财阀体制虽然促成日本实现了

---

1 黑龙会成立于1901年，是在19世纪下级武士的组织玄洋社的基础上改造而成的。“黑龙会”系以黑龙江命名，旨在经营黑龙江流域。一方面有着侵略性的意图，意在使中国东北地区成为日本海外帝国的基础；另一方面有着实验性，要在中国东北做一系列社会改造的实验，再将其应用于日本本土。所以，初看上去黑龙会似乎是个帝国主义的组织，但细看其纲领，会发现它是个民粹主义的组织。黑龙会追求改造文官政府，振兴外交，积极谋划海外，并且革新内政、增进国民福利、推动现代教育、确立社会政策、解决劳动问题。为了达成这些目标，黑龙会推崇统制性的手段，以皇国精神为宗旨，追求以军人的精神来改造社会，实现全民皆兵，促成上下同心，最终实现亚洲民族的兴隆。1931年黑龙会进一步改组为大日本生产党，社会基础是大阪中小企业者和国粹主义分子——这些虽然都是深受财阀体制压制的群体，但追求用一种更具统制性的手段来解决问题。1946年1月，大日本生产党被解散。

工业化，但严重扭曲了日本的财富结构和社会结构。财阀体制与日本政经秩序的深度同构，也败坏着日本社会。所以，在二战之后，美国除了要打掉军部，还要极力把日本的大财阀彻底拆解，消除日本的重化工业能力，从而把日本经济还原为一种依附性的经济。

但是，在三井刚被拆散，其他几个财阀还只被拆散了一部分的时候，朝鲜战争爆发了。美国重新定位了日本在远东的作用，决定把它发展成冷战的重要堡垒。这样一来，日本就需要保有以重化工业为基础的完整工业体系。于是，剩余的财阀保住了，只是在日本新宪法的架构下，经受了民主化改革。这是二战后日本能够迅速发展起来，重建重化工业，形成完整工业体系的前提。

战后的日本在美国的主导下，发展出了消除财阀负面效应的制度安排。经过民主化改革的财团，仅仅是一种特殊的公司组织逻辑，不会造成国民福利的严重损失。而且，这些财团里有跨越各种领域的成员公司，这些公司基于传统渊源，会在市场上相互扶助。再加上美国对日本进行了大规模的经济扶持，朝鲜战争和越南战争给了日本企业大规模走向国际市场的机会。这些都被日本的财团组织有效利用起来，令日本真正成长为经济大国。

再看韩国。整个朝鲜半岛在近代以来都面临地缘安全困境。东北亚地区集中了中国、日本、俄国这几大强国，同时，二战前的英国、二战后的美国，作为全球秩序的主导者，也始终在这里保持存在。处在几大强国夹缝中的朝鲜半岛，还有过被直接殖民的历史，天然有一种不安全感。二战后的朝鲜半岛虽然获得了独立，但是分裂为两个国家。这让韩国在传统的地缘安全困境之外，还要面对虽然同宗同族但在意识形态上尖锐对立的朝鲜，它的国际安全环境进一步恶化。这些因素加在一起，让韩国对于自主的工业经济体系有着强烈的追求。

建立工业体系的具体过程始于1961年朴正熙发动军事政变上台。在此前的开国总统李承晚时期，韩国经济基本上是靠美国驻军经济勉力维持的。不过，这段时期韩国还是发展起了若干个财阀，它们与政府之间有各种说不清道不明的关系。朴正熙上台之后，为了整肃，就把大多数财阀的负责人都抓了起来。但是，他很快就发现，在经济基础极为孱弱的情况下，脱离这些财阀，国家经济没有办法发展，只好陆续把他们放了。不过有个前提条件，就是这些财阀必须服从朴正熙所主导的国家工业化的战略。

朴正熙陆续推行了一系列政策来扶持财阀的发展，比如给它们特许经营权、低息贷款等。1963年，朴正熙开始推行出口导向政策，财阀每年都会领到出口任务。能够完成任务的，政府会给予奖励；不能完成任务的，会受到处罚。为了支撑财阀的出口，政府还有大量的补贴政策。

对财阀来说，有政府的扶植政策和低息贷款，再考虑到韩国通货膨胀率的话，贷款的实际利率已经为负，因此他们就愿意去借债，并在政府的支持下追求更加多元化的发展，跨入各种彼此不相关的行业，这显然属于非市场化的投资决策。

1973 年 1 月，朴正熙发布了韩国《重化工业宣言》。各大财阀迅速跟上政策的引导，开始竞相发展自己的重化工业。当时的韩国政府对重化工业的支持达到了什么程度呢？一旦发现哪个财阀经营状况很糟糕，有可能会破产，政府就会要求银行给它更多的贷款强行“续命”。

这让财阀们发现了秘诀——只要规模发展得足够大，政府怎么都不会让自己倒闭。于是，他们就更加肆无忌惮地借贷发展。这些过程是严重违背市场逻辑的，尽管韩国凭此发展起重化工业，有了完整的工业经济体系，但是大量资源被低效地浪费掉了。图 3-2 是 1962—1997 年韩国企业的借款利率和资产收益率的变化曲线，它很直观地反映出了问题——除了 20 世纪 70 年代的两次石油危机令财阀们获得了一些意外的机会外，他们的资产收益率是长期低于借款利率的。

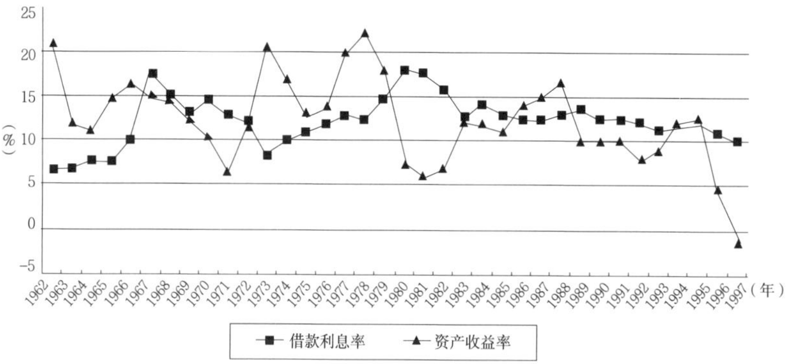

资料来源：刘洪钟：《韩国赶超经济中的财阀制度研究》，光明日报出版社 2009 年版，第 5 页。

图 3-2　1962—1997 年韩国企业借款利率和资产收益率

财阀带来国家经济的成长，使政府和财阀捆绑得越来越紧密，国民则要被迫面对财阀带来的各种失衡问题，韩国因此有了风起云涌的社会运动。在朴正熙的时代，这个强人还有能力一手压制财阀，一手压制社会运动，但是到了后朴正熙时代，政府逐渐被财阀绑架，只有能力压制社会运动，针对财阀的制度调整则越发难以出台。终于，在 1998 年的金融危机中，韩国经济遭遇重创，一系列绑架国家的大财阀轰然倒地。

韩国政府被迫向国际货币基金组织求助，也要被迫接受国际货币基金组织的一系列改革条件。适逢此时就任韩国总统的金大中一直反对财阀，他说：“韩国经济……受到宝贵资源被无效率配置的折磨……（这是）政府干预市场功能的几乎所有方面的结果，包括定价、信贷分配、产业定位决策和劳资关系。这种干预已使韩国经济处于一种严重的失衡状态。”[1] 危机就此成为一个契机，韩国对财阀进行了大规模的拆解和重建，制定了各种制约财阀的法律规则，并改进了针对财阀的治理机制，终于解决了财阀带来的困境，同时保留了财阀留下的果实，从而重新站了起来，成为经济强国。

我们再来看一下澳、加路径为什么和日、韩路径不一样。

澳大利亚、加拿大两国之所以不去追求完整的工业体系，有着历史传统与安全环境两个层面的原因，而且，这两个原因是互为条件的。

从历史传统看，它们都是在英国传统下形成的国家，保留着大社会、小政府的结构。在这种结构下，政府就算想主动做些什么，能力也比较有限，社会自生秩序是国家内部更加主导性的力量。日本、韩国则不一样，相对而言都有着大政府、小社会的传统，令国家主导的产业政策有机会成为可能。

在大社会、小政府的结构下，澳大利亚、加拿大的经济秩序主要由市场经济的逻辑驱动，不会刻意追求完整的工业体系，而是顺应了自己的比较优势，发展起相应的产业。如果它们有重化工业，那也是因为自身有相关的比较优势。比如，加拿大产石油，

1 刘洪钟：《韩国赶超经济中的财阀制度研究》，光明日报出版社 2009 年版，第 161 页。

才发展出了石化产业。

此外，澳大利亚、加拿大、英国、美国都是盎格鲁–撒克逊国家，民间有着千丝万缕的联系。澳大利亚、加拿大与英国、美国经济秩序的嵌合关系是自然而然的结果，无须刻意追求，也没有什么困难或不适。

就安全环境而言，澳大利亚、加拿大的条件也很好，并不像日本、韩国那样要面对各种复杂的国际环境。安全环境的优越不仅仅是因为它们在地理上相对隔离于其他强国，更是因为它们在价值观念上，也就是对于世界正当秩序的想象上，与英国、美国是一致的，而价值观念上的一致又与它们的历史传统有着分不开的关系。

这一切使得澳大利亚、加拿大没有发展自主经济体系的强烈需求，只要简单地嵌合在英、美的经济秩序中，发挥自己的比较优势即可。在这样的发展逻辑下，国民经济内部更容易达到一种市场化的均衡，并且各个经济部门都是在一个远大于本国的市场空间中达成均衡的。一旦经济与社会出现问题，辗转腾挪的空间比仅在本国市场中运转大很多。于是，澳大利亚、加拿大的发展历程以及所需要的制度安排都比日本、韩国更简单。

比对之后，就可以对两种路径做一种大致的类型学提炼了。[1]

1　这段类型学的思考，我颇受益于与张笑宇博士的讨论。

第一，在我们所讨论的意义上，各种产业部门可以划分为两类：一类是不在国家的政治关注范围内的，各国通常都会将这种产业交予市场；另一类是在国家政治关注范围内的，国家会以非市场化的政策扶持这种产业。不过，这种扶持政策在根本上并不能改变市场的逻辑，只会改变该国内部小环境的均衡。而小环境运转得如何，还是要受制于世界市场这个大环境。

第二，不同国家的政治关注的范围与重心是不一样的，进而会形成两种经济发展路径——市场导向和政策扶持导向的发展路径。而政治关注的范围与重心在哪里，取决于该国的国际安全环境。国际安全环境由两种要素共同塑造：一是该国所处的地缘政治环境；二是该国的价值观念，也就是它对于正当世界秩序的想象。不同的地缘处境留给国家的政策选择空间大不一样，而且难以改变，但是价值观念会发生改变。所以，即便是同一个国家，在不同时代，政治关注的范围与重心也有可能是不一样的。当然，这些讨论的前提都是——成熟国家。

第三，对于政策扶持导向的国家，在给定其政治关注范围后，哪些产业部门会被纳入政策扶持的范围，既与工业经济的体系结构相关，也与时代相关。体系结构对政策扶植的影响，主要体现在工业经济中的基础设施性产业。如果国家欠缺某种产业就难以发展起完整的工业体系，比如重化工业，这个产业就可能获得扶持。时代因素的影响则主要体现在某个时代背景中推动不同梯次工业革命的核心技术。从这些技术中衍生出的产业对国民经济具有基础性的拉动效应，比如第三次工业革命时期的电子技术，以及由此衍生出的计算机相关产业，再如当今的第四次工业革命时期的信息技术，以及由此衍生出的通信相关产业等，也可能获得扶持。

第四，在以政策扶持导向为主的国家内部，政府一系列非市场化的努力会带来资源配置的扭曲，进而造成国民福利损失、社会不公，其中甚至潜藏着动荡的可能性，因此需要设计相应的制度安排，化解这些负面效应。但政策扶持往往会将政府与财阀捆绑在一起，所以恰当的制度安排经常是危机倒逼的结果。

— 越南的结构性困境 —

做了这一系列分析之后，我们再回到越南本身，看一下它面对的国际安全环境的结构性困境是什么样的，以及我为何认为它难以发展起自己的完整工业体系。

在地缘环境上，越南北方紧邻着强大的中国，因此，它有着一种与生俱来的焦虑感，这是越南人做任何决策的第一前提。这种焦虑是无法靠努力发展化解的，毕竟中国压倒性的体量优势摆在那里。作为中国人，可能很难感受到周边小国的那种焦虑感，因此，我们非常需要换位思考，才能理解别人到底是怎样一种感受。

对越南来说，要化解这种焦虑，唯有与另一个大国——美国联盟。越南的共产主义意识形态，原本是有可能构成与美国结盟的障碍的。但从越南的历史叙事可以看出，越南人理解世界秩序时，最底层的范式是民族主义的（这同样是因面对中国而本能性获得的），其他意识形态都是用来实现民族主义的手段。既然如此，越南在意识形态上的灵活度实际上是很大的，并不会在与美国结盟上有什么无法克服的障碍。比如，近年来，越南与美国走得越来越近，与美国、欧盟、日本等签订了一系列的自由贸易协定。

但也正是这一点让越南遇到了结构性困境。

面对中国而产生的安全焦虑，会让越南有动力去发展完整的工业体系。即便越南的工业体系与中国相比仍然会有数量级上的差异，它也能更有底气一些。也就是说，越南有一种走日、韩路径的内在冲动。那么，越南就需要发展重化工业，需要通过国家主导的一系列经济政策推动，需要通过扶持国企或者财阀落实。

但是，要与美国联盟，就必须接受那一系列自由贸易协定对越南经济政策的约束，接受对于国企的各种限制，接受对于不符合市场经济原则的政策扶持的限制等。当年韩国可以用各种非市场的手段扶持大财阀，却并不影响与美国的结盟关系，原因在于那是冷战时代，政治因素的权重压倒了经济因素。但是，在 21 世纪，一个国家走何种经济路径（是市场导向为主的，还是政策扶持导向为主的）是美国用来识别盟友身份的政治标签。所以，越南不大有机会复制韩国路径，更大的概率要走市场导向的路径。

越南这些年来已经对国企进行了大规模的私有化改革，目前剩下的 100 多家国企，也在筹划继续卖掉。因为越南承诺要建立一个比肩国际先进水平的透明法律框架，要让外国投资者与越南本国企业开展更加公平公正的竞争。这种竞争不会存在国企垄断的情况，是自由经济体的市场竞争。

我们在调研中似乎能看到越南扶持财阀的迹象。越南现在最有名的一个私企集团是首富范日旺的 Vingroup。20 世纪 90 年代，范日旺在俄罗斯留学，后在乌克兰做食品行业，掘到了第一桶金。2001 年他回到越南发展，进入房地产业，现在越南各个城市的地标性建筑都是他开发的。最近几年，Vingroup 广泛进军各种领域，诸如教育、医院、超市、便利店、电器卖场、手机、家电、汽车、航空学校、有机农业、制药……几乎渗入了与越南人生活相关的各个领域。[1] 不过，投资的产业如此之多，很多产业彼此之间没有什么关联，是不符合投资规律的，这反倒和当年韩国政府扶持的大财阀的投资逻辑非常类似。调研中我们还注意到其他几个规模小一些，但同样有着不寻常的跨领域投资的私企集团。

这些有可能就是越南政府想要扶持的财阀，但是扶持政策究竟能走多远，很难说。如果走得太远，像当年的韩国那样，越南很可能会被踢出那些自由贸易协定，它借助西方化解自己地缘政

1　据 2019 年 12 月 3 日的新闻，Vingroup 做了重大的投资决策，将旗下的所有零售及农业板块剥离出来，与越南的食品业巨头 Masan 集团的一个子公司合组一个 Masan 控股的新公司。（Nguyen Kieu Giang, Mai Ngoc Chau, "Two Vietnam Companies to Merge Units to Create Retail Giant", https://www.bloomberg.com/news/articles/2019-12-03/vingroup-masan-to-merge-units-to-create-vietnam-s-retail-giant.）资料显示，Masan 集团的创始人阮登光也是 20 世纪 90 年代在俄罗斯留学，之后在俄罗斯做食品行业赚到第一桶金再回到越南的，与范日旺的起家过程有类似之处。即便是去除掉零售板块，Vingroup 的投资领域仍然多得惊人。

治焦虑的努力就会失败。进一步说，即便能走那么远，财阀能否帮助越南建立起完整的工业体系也很难说。毕竟，当年韩国起步的时候，近旁没有中国这样一个超大规模的供应链网络，不会受到它的外部性效应的影响。如果越南对财阀的扶持政策走不了那么远，它的重化工业就难以在自由市场的演化中发展起来，越南就无法拥有自己的完整工业体系。

两种处境左右为难，无法兼得，这就是越南面临的结构性困境。

在这种困境中，越南最有可能走的路径是，继续深化与美国、欧盟、日本的自由贸易关系。毕竟，这是它保障自己获得外部支持、化解“中国焦虑”的基础。然而，这也意味着越南政府对财阀的支持是有限度的。越南大概率只能顺应世界市场上的比较优势，把自己嵌合在一个恰当的位置。这是一种很吊诡的状况：正因为它面临和日本、韩国相似的处境，所以很可能走上更接近澳大利亚、加拿大的路径。

此外，目前越南的比较优势也有一种双元特性。越南比较可能在贸易上嵌合在美国体系中，在生产上嵌合在中国体系中。于是，越南的制造业发展就更会成为中国供应链网络的外溢，也成为中国供应链网络通达世界市场的一个重要中介。

中越两国近年来经济一体化的发展也呈现出这样的趋势。图

3-3 是 1996—2015 年中越经济一体化指数，[1] 我们从中可以看出，虽然中越经济一体化指数偶尔因为政治和经济危机出现短暂下跌，但总趋势是不断上升的，尤其是在 2011 年之后，经济一体化指数的上升态势极为显著。而且，一系列相关研究显示，不仅中国与越南之间的经济一体化程度在加深，而且中国同整个东南亚国家的一体化程度都有不断加深的趋势。

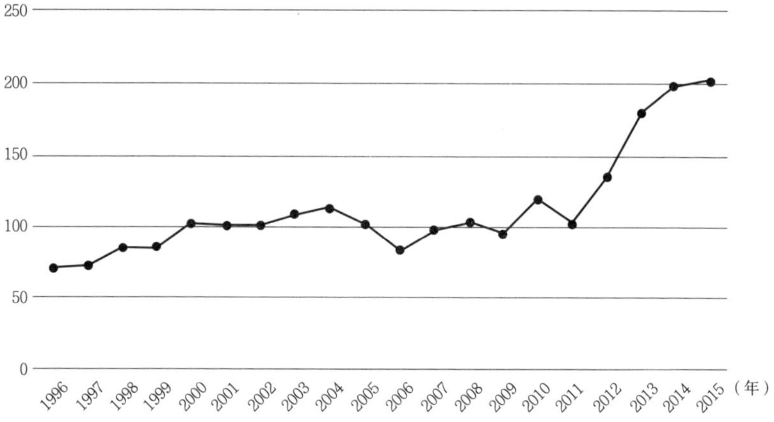

图 3-3　1996—2015 年中越经济一体化指数

1　该一体化指数的研究转引自赵子龙:《中越经济一体化程度量化评价与深化合作路径分析——基于中越“J”型海陆经济一体化战略的思考》,《广西财经学院学报》2017 年第 1 期。在该篇论文建立的统计模型中，衡量一体化指数的指标及权重为（括号里为该指标的权重）：越南对中国商品进口依存度（35%），中国赴越游客数占访越总游客数比重（30%），越南对中国商品出口依存度（20%），越南对中国资本的依赖度（10%），对越承包工程占中国对外承包工程比重（5%）；经济一体化指数的取值范围为 0～250，数值越大，经济一体化程度越高。

—“5·13”的蜕变—

我们在访谈中意外发现一件有趣的事情，那就是越南人对于中国与越南在经济上日渐一体化的关系有着很直观的体认，并且，这种体认是与2014年著名的“5·13排华事件”直接相关的。

我们在胡志明市采访到曾经亲历2014年排华事件，并参与善后事宜处理的中国商人M先生，获得了很多一手信息。

M先生告诉我们，越南的那次排华事件，南方的声势比较大，但是并没有人员死亡，人员死亡的情况主要出现在中北部的河静省。因为越南南方人性格比较温和，当地经济也更发达，老百姓对于政治没有多大兴趣；反倒是中北部的人比较彪悍，当地经济又落后，容易被民族主义情绪煽动起来。南方主要发生了一些打砸抢和纵火的事件，后来警察抓住闹事的人，发现他们多数是从中北部过来打工的。不过，打砸抢只是看着吓人，实际造成的损失规模还是比较有限的。M先生打了个比方：“就像一个人打了架，满脸是血，看着很恐怖，但洗把脸就看不见什么了，因为实际上只有一个小伤口。”

然而，那段时间中国人还是普遍感觉压力很大，但精神紧张和实际遭受的损失无关，而是来自“满脸是血”的冲击。M 先生还谈到了一个有趣的观察。越南人普遍骑摩托车，摩托车的日常交通半径远大于自行车，能够达到几十公里，但又不像汽车，司机得坐在封闭的车厢内，司机之间也难以直接沟通交流。所以，摩托车骑手可以迅速聚集起很大一片区域的人，这些人又能够在街上极为便捷地彼此沟通，几句口号就能把人煽动起来，利于协同行动。街上的人激情一上来，聚在一起同时轰马达，声音可以传出很远，能够对被抗议的对象造成极强的精神威慑力。因此，摩托车成了越南形成大规模抗议乃至骚乱的一个重要技术条件。

我们把这个有趣的现象称为“摩托车政治学”。“摩托车政治学”不仅影响了中国资本的信心，而且使各国资本在轰鸣声中感受到了压力。这造成的最直接后果就是很多工厂停工，甚至直接撤离了越南。大批越南工人因此失业，越南这才意识到问题的严重性。

M 先生观察到，“5·13 排华事件”让越南政府和越南百姓普遍认识到，越南的发展建立在中越关系基本稳定的前提下，如果中越关系很紧张，越南经济的前景就会很不明朗。所以，在

“5·13 排华事件”发生过程中，胡志明市政府就向中国领馆和商会承诺：一方面，控制市内的局面，尽量减少排华事件造成的损失，并且派警察去保护中国工厂；另一方面，绝不让外省的闹事者进入胡志明市，会在各个进城的路口把他们拦住。在“5·13 排华事件”之后，越南民间还发生过几次小规模的排华事件，但闹事者再也没能成功地把事情煽动大，很快就不了了之了。

M 先生说：“就是这次事件让越南人真正知道了他们想要什么，也知道了达成目标的条件是什么。越南无法在实质上脱离开中国经济——上下都达成了这一共识。之后，就不再有什么排华事件了。‘5·13 排华事件’可以被看作越南的一个成年礼。”

我们后来的一系列访谈，无论对象是中国人还是越南人，都验证了 M 先生的观察。最有趣的是，这次“成年礼”甚至改变了越南工人罢工的逻辑。

在越南调研的时候，几乎所有在这里投资的中国人都会和我们说到越南的工会。他们告诉我们越南工会的力量很强大，经常组织工人罢工。夸张的时候，工业园中一个工厂的工人罢工了，其他工厂的工人也会马上跟上，最终导致整个工业园因罢工而瘫痪。在越南建厂比较早的台湾企业曾经频繁遭遇罢工，苦不堪言。

工会具体是怎么组织罢工的呢？听到越来越多关于工会的故事，我们对这个问题就越来越感兴趣。来越投资的中资企业 T 公司的总经理 D 先生帮助我们解答了这个问题。

D 先生曾经在河内附近的港资制衣厂工作过若干年，2018 年被 T 公司聘请来，负责在胡志明市附近的平阳省从零开始组建工厂。超过三个工人就需要组建工会，因此 D 先生看到了工会组建的全过程。

越南有一个全国总工会，下设各个省的省总工会，省总工会再向下分设各个市的工会。越南的市的规模相当于中国的乡，政府系统的工会就到市这一级。这几级工会都属于政府公务员系统，经常与同级的政府部门打交道，这一点和中国比较像。由于外资企业只能在工业园中设厂，市工会便会通过工业园管委会对接具体的工厂。每当得知一个新工厂成立了，市工会就会过来指导成立工会。

成立工会的过程是，市工会先请工厂的人事部门或总务部门把员工分成若干个小组，分组的方式可以依照班组或其他简便的原则。然后，每个小组内部先遴选出来若干个投票人——可以推荐或自荐，投票人的人数只能是单数，不能是双数。这些投票人再对报名参选工会主席的人进行投票，参选者同样可以是推荐或自荐的，没有限制。如果工厂规模不大，通常只选一个工会主席；如果工厂规模较大，会再选出一两个助手。当选工会主席的人还是继续在原来的岗位上工作，但有了些新责任——负责征收会费、组织活动，并作为工人与工厂管理层之间沟通的桥梁。参加工会的工人要缴纳基本薪资的 1% 作为会费，这部分会费的 40% 留给本工会使用，60% 上缴上级工会；企业要支付工人基本薪资的 2% 作为会费，这部分会费的 69% 留给本工会使用，31% 上缴上级工会。工会用单独的账号管理会费，而不使用公司账号。

我们进一步追问罢工的情况。D 先生说：“一般情况下，陆资和台资的企业会较多地遭遇罢工；日资、韩资、港资和西方国家开设的企业则很少遭遇罢工，因为这些企业都有较强的企业社会责任（CSR）意识，会有比较多的相关活动，越南人对它们比较认可。”看来，陆资和台资企业在这方面要走的路还不短呢。

我们继续追问：“工会具体是怎么组织起罢工的呢？”

“罢工基本上没有工会组织的。”

这让我们吃了一惊，这和之前听说的不大一样啊。

终于，在 T 公司的越南雇员 Jenny（珍妮）这里，我们听到了更多的故事。

Jenny 于 1990 年出生在越南南部的小乡村，在中国台湾、马来西亚都有过长期工作经历。在越南的工厂里，Jenny 从基层做起，一直晋升至中高管理层的位子，对于工人的各种罢工组织逻辑很熟悉。

Jenny 说，罢工的发动通常是从工厂里流传的罢工消息开始的。说不定什么时候起，工人们就会悄悄地彼此口耳相传，今天下午 2 点要开始罢工，到时候谁也不能去工作。然后，工人们去上厕所的时候，会发现里面贴着纸条，上面写着：下午2点开始罢工，谁也不准去工作，否则，出门就打你。工人用的厕所和管理层用的厕所是分开的，所以管理层无法及时获悉这些信息。纸条是谁写的，罢工的消息是从哪里最先传播出来的，也没有人知道。

到下午2点的时候，工人们就会左顾右盼，看看身边的人是不是还在工作。一旦发现有哪个人手里的动作慢下来了，旁边的人也会停下工作。罢工从一个点开始，像潮水漫延一样，很快波及整个工厂。

资方不知道罢工是谁发起的，去问生产线的组长、工会主席，他们也都说不知道，很有可能他们是真不知道。他们只能告诉老板，“听工人们说是嫌工资低”“听工人们说是嫌伙食不好”，等等。如果老板拒不理会，第二天工人还是会照常来到工厂，毕竟这是罢工而不是旷工，但到了工位就坐在那儿啥也不干。

接连几天，老板受不了了，只好满足风闻来的那些条件，工人就复工了。但是，有可能过了一段时间，在莫名其妙的情况下，工人又罢工了。这里的工会主席并不是什么罢工组织者的角色，而经常是劳资协调者。

对于Jenny的这种说法，我们后来从其他人那里获得了印证。从研究的角度出发，我们觉得这种组织过程很有趣。这样一种分布式的罢工逻辑，与越南相对松散的社会结构是一致的。

Jenny 以及接受访谈的其他几位越南雇员告诉我们，越南越到南方，社会结构就越松散。北方还有类似于中国的族谱，可以上溯十几代，社会基层还能以此形成一些大家族式的组织机制；而到了南方，很少有人家里有族谱，一个人对家族的记忆，通常只能往上追溯到祖父那一代。于是，南方社会就没有什么大的宗族，小家庭的迁徙相对较多，社会结构因此很松散。南方人彼此间的组织机制不是靠宗族逻辑能够把握的，而是以一些外人不太容易了解的地方性知识作为基础。因此，越南的强国家逻辑与中国的强国家逻辑是很不一样的，相对而言，分布式的社会结构直接构成了越南国家能力的一个约束条件。

集中式的手段是无法应对那种分布式的罢工过程的，因为公司高层既无法搞清楚工人的具体诉求，也不知道要想控制罢工，该去找谁，从而无法预防罢工。这背后需要的是一系列难以言传的地方性知识，如果外资企业不能放低姿态，以一种平等的方式和当地工人打交道的话，双方就只能处在一种相互消耗的关系当中。日资、韩资、港资企业的企业社会责任努力，未必能获得更多的地方性知识，却能引发越南工人的好感，于是，双方就容易形成良性互动。这是很值得陆资企业学习的。

但是，Jenny 进一步告诉我们，那些罢工的玩法都是 2014 年以前的情况，在“5·13 排华事件”之后有个明显的变化——罢工越来越少了。现在罢工消息的传递已经不再靠往厕所贴纸条了，而是改成发短信、发脸书。但是，即便有消息传递出来，工人们也很少响应了。他们看到这种消息之后，一般只会撇撇嘴说，谁爱罢谁罢吧，反正我不去。

Jenny 说的变化印证了 2014 年这个节点的重要性。对越南人来说，在 2014 年以前，他们可能更多地被历史遗留的民族情绪裹挟，倾向于用罢工来表达各种不满，但在 2014 年之后，越南人开始正视并愿意接受中越经济一体化这个事实。D 先生告诉我们，在“5·13 排华事件”之后，上级工会会主动与工厂工会沟通，嘱咐他们一旦发现厂里有什么动向，就要及时告知。一旦出现新动向，上级工会便会和同级政府的相关部门协调，提前把罢工的问题消弭掉。[1]

当然，这一系列变化的背后还有个重要因素，就是“5·13 排华事件”导致陆资企业也开始改变管理方式。这个事件是越南经济发展的成人礼，同样也可能是在越南的陆资企业的成人礼，双方是在不断互动磨合中一起发展成长的。并且，“5·13 排华事件”之后，越南经济进入更快增长阶段，工人的工资普遍增长较快，于是罢工的动因也就进一步下降了。

1 据台湾学者在十几年前所做的研究，至少当时越南台商工厂内的工会，在一定程度上就是与资方有着深度合作关系的，资方经常利用工会帮助自己管理工人，约束不听话的工人，以及用成立工会来向越南政府表态，表明自己愿意保护工人的态度。这份研究也显示，越南的罢工并不是工会组织起来的。参见王宏仁：《照本宣科的演员：越南台商的厂内工会》，“中央研究院”亚太研究计划 2002 年版；萧新煌、王宏仁、龚宜君主编：《台商在东南亚——网络、认同与全球化》，“中央研究院”亚太研究计划 2002 年版。所以，在工会这个问题上，很可能“5·13 排华事件”带来的转折性并没有我的访谈中所听闻的那么大。

Felix 关于“广州”的回答，让我们在越南的调研获得了一个重要切入口，知道了该如何观察越南。那么，Felix 所关注的“广州”这边又是什么样呢？它在中美贸易摩擦中又会有什么样的变化呢？

要回答这个问题，只调研越南已经不够了。于是，我们又来到了珠三角地区。

第四章

隐性知识

— 破败厂区的背后 —

一排排废弃了的破败厂房和宿舍，耸立在我们眼前。开车绕着厂区外面兜上一圈，要20多分钟。厂区里错落的马路、小湖、大树，都能体现出当年规划者的用心。现在仍可以看出，厂区里当年设有医院、幼儿园，甚至还有自设的消防站。仅仅打量这些附属设施的规模，我们都可以想象出繁盛时这里人声鼎沸的景象。厂区里的建筑都有着灰色的高大墙体，在繁华时显得厚重，在破败时却显得很压抑。巨大的厂区中，偶有几个留守的人员无聊地闲坐着。厂区外面坑洼的水泥路边已是杂草丛生。整个场景令我们仿佛来到了美国中部的“铁锈地带”，来到了一个曾经辉煌，衰败后却无比落寞，让人只能在残迹中想象当年繁华的夕阳之城。

这里是台资企业裕元集团设在东莞市高埗镇的稍潭厂区。在20世纪90年代初就来到东莞，亲眼见证了这个城市发展历程的陈志军先生，开车带我们到稍潭厂区转了好久。网上有很多耸人听闻的报道——说东莞因制造业转移，经济濒临崩溃，工业区破败不堪，用的都是这个厂区的照片。

裕元集团是世界上最大的制鞋业代工厂——台湾宝成国际集团在大陆设置的子公司。当年的宝成，颇有些今天富士康的感觉，投资规模和产能都十分巨大，建立一个厂区，就能拉动周边庞大的供应链网络，直接提供的就业规模也十分庞大。裕元集团在 1988 年进入大陆，先在珠海前山镇设厂，1989 年又到高埗镇设厂并发展出三个厂区，随后在珠三角、长三角、江西、湖北等多个地区陆续设立工厂。巅峰时期，裕元在大陆合计雇用了 20 多万人，仅高埗镇的几个厂区就雇用了约 10 万人。但是，从 2008 年开始，裕元的产能逐渐向外转移，尤其是向同属宝成旗下、设在越南南部的宝元集团转移。产能的转移必然伴随着人员的裁减。到 2014 年，高埗厂区的工人被裁减了近一半；到 2017 年，高埗厂区的工人仅剩 8000 人左右——这个数字一直保持到今天，没什么变化。

高埗镇原本是农村，到处都是农田，能够发展成现代化城市，都是裕元拉动的结果。高埗镇的常住总人口只有 20 万出头，按理说，裕元的 10 万工人被裁撤到仅剩 8000，会对高埗镇造成非常大的影响。然而，我具体查了一下高埗镇在“十二五”规划（2011—2015 年）期间的经济统计数据（见表 4-1），大吃一惊。

表 4-1 高埗镇“十二五”期间的统计数据

	2011 年	2012 年	2013 年	2014 年	2015 年
常住人口（万人）	21.79	21.77	21.81	21.75	21.51
GDP（亿元）	79.62	83.52	102.33	110.29	117.79
社会消费品零售总额（亿元）	17.95	19.38	21.92	23.59	25.09
全体居民人均可支配收入（元/人）	21771	24137	28204	29572	33929

数据来源：东莞市政府网站。

2015 年，裕元已经裁员一大半，但数据显示，高埗镇的常住人口数量并未出现实质性变化——高埗镇的户籍人口在这几年里一直不到 4 万，剩下的十几万都是外来人口，但他们并未因为裕元裁员而离开高埗镇。而且，高埗镇的 GDP 始终保持增长状态，居民可支配收入和社会消费品零售额也都在稳步增长，这说明高埗百姓的日子过得都还不错。

再看一下近 10 年来东莞的经济统计数据（见表 4-2）——没显示出一点儿经济衰败的影子，始终呈增长态势。

表 4-2 东莞 GDP 统计数据（2009—2018 年）

年份	2009	2010	2011	2012	2013
GDP（亿元）	3811	4308.91	4815.31	5095.95	5590.57
年份	2014	2015	2016	2017	2018
GDP（亿元）	5968.38	6374.29	6937.08	7582.09	8278.59

数据来源：东莞市政府网站。

为什么裕元这么大的厂都撤了，高埗镇的经济却没受影响呢？

循着问题，我们来到了东莞市的K公司。这个公司从制作鞋底起家，现在还进入了新材料领域，2019年11月刚刚上市了。公司创始人F先生在1992年进入裕元工作，逐渐做到管理层，1997年被宝成集团派往印度尼西亚工厂做高管，几年后回国，曾兼管越南业务。2007年，他离开裕元自己创业。

F先生告诉我们，裕元被称为制鞋业的黄埔军校，培养出大量的熟练工人和有经验的管理人员。当然，进入大陆设厂的台资鞋厂有很多，裕元只不过是最大的一家而已。国内各大鞋厂的技术人员、管理人员很多都是从以裕元为代表的台资鞋厂走出来的。这些台资鞋厂不仅为大陆鞋厂培养了人才，还传授了很多管理模式，培养、拉动了大量的供应商厂家——很多供应商厂家的创始人就是从台资鞋厂走出来的。而被台资鞋厂裁掉的工人，绝大部分都被这些供应商吸收了。

表4-3统计了广东省和东莞市的民营企业与台资企业的数目变化。表里虽没有区分具体的行业，但显示了整体性的大趋势——台资企业撤离之际，这里的民营企业迅猛成长。尤其是在2008年金融危机之后，这一趋势更为明显。而广东省民营企业的成长，是与台资企业的拉动和培育有深刻关联的。[1]

---

1 相关研究参见郑志鹏：《外生的中国资本主义形成：以珠江三角洲私营企业主创业过程为例》，《台湾社会学》第31期（2016年第1期）。表格中的数据也转引自该论文，数据原始来源是广东省统计局和东莞市统计局。

表 4-3 广东省与东莞市民营企业与港澳台企业的数目变化（2000—2014 年）

单位：户 年份	广东省民营企业	广东省港澳台投资企业	东莞市民营企业	东莞市台资企业
2000	–	–	8160	2717
2001	–	–	9260	3605
2002	–	–	12529	10830
2003	–	–	16820	10969
2004	208149	33473	23225	9450
2005	238141	35672	29017	10141
2006	283870	40510	38282	10271
2007	326032	46269	48955	10041
2008	358394	40664	63241	5122
2009	431298	43940	74229	5141
2010	503520	46278	88650	5417
2011	584709	49291	104689	6114
2012	656738	50696	122703	6435
2013	614292	43377	144794	9151*
2014	754589	49815	180829	8911*

注：– 代表缺少该年份的资料；* 代表东莞在 2013 年之后将包含港澳台在内的所有企业一起进行统计，以至数字大幅上扬而呈现失真的情况。

随着国产品牌的鞋厂崛起，那些供应商转而为国产品牌供货。考察中国鞋业的一些数据会发现：2012 年，中国产鞋 135.4 亿双，占全球产量的 66.3%——这是占比巅峰；2017 年，中国产鞋 126.2 亿双，占全球产量的 55.8%——全球产量在上升，中国产量却在下降，而且，中国产量的全球占比下降了 10 多个百分点。但是，2012 年中国制鞋业的收入是 5719.8 亿元，2017 年是 7442.16 亿元。总产量虽然小幅下降，总产值却大幅上升，这说明中国的制鞋业在向高端方向升级。

同时，中国的制鞋业并不是全流程都转移到越南去了。制作出一双鞋有上百道工序，转移出去的主要是最终粘接成鞋的工序；生产鞋材的很多工序仍然对中国的供应链有依赖，所以这些供应商同时也面对着更大的出口市场——越南。

由此，我们可以理解，为何裕元撤走了，高埗镇的人口数量却没有发生实质变化，产值也在不断上涨。

当然，高埗镇的产值并不仅仅是靠开枝散叶的鞋业供应商撑起来的，还有更多的产业在不断成长。比如，眼镜业和制药业都已经成为高埗镇非常重要的新产业。因此，高埗镇的人口数量虽没有实质变化，但随着产业的演化，具体的从业人员可能经历过不少次置换。

至于裕元为何放任高埗厂区处于大规模空置的状态，由于没能约到裕元的高层做访谈，我们无法获知确切的原因。据一些熟悉当地情况的人说，可能是因为当地政府对于厂区土地有通盘规划，裕元仍在与政府商谈的过程中，暂时未做其他处置。不过，厂区的土地这些年已经大幅升值。

制鞋这种技术含量相对较低的行业，在珠三角的演化历程都如此复杂，那些高技术行业又是什么情况呢？我以智能手机业为例，简单梳理一下。

2019 年发生了一件非常吸引人眼球的事情：10 月 2 日，三星关闭了在广东省惠州市的在华最后一家手机工厂。这家工厂是三星于 1992 年在华成立的第一家工厂，最辉煌的时候，它生产的手机数量占到三星全球出货量的近 20%。随着惠州这家手机工厂的落幕，三星的手机产能全都转移到中国以外，尤其是越南。那么，中国在相关领域的制造业供应链也会转走吗？

要想知道这个问题的答案，有一个很简单的考察方式，就是看中国的手机产量是否因此而显著下降。图 4-1 对比了 2007 年和 2017 年世界主要手机出口国在世界手机出口总量中占的比例。10 年间，越南的占比从 0 增长到 16% 左右，这确实是个很惊人的数字。但中国（含香港）则从 37% 左右增长到 56% 左右，这个数字更加惊人。图 4-1 对比的还仅仅是手机的出口量，如果加上内销的部分，2018 年中国的手机总产量其实占了全球手机总产量的 90% 以上。

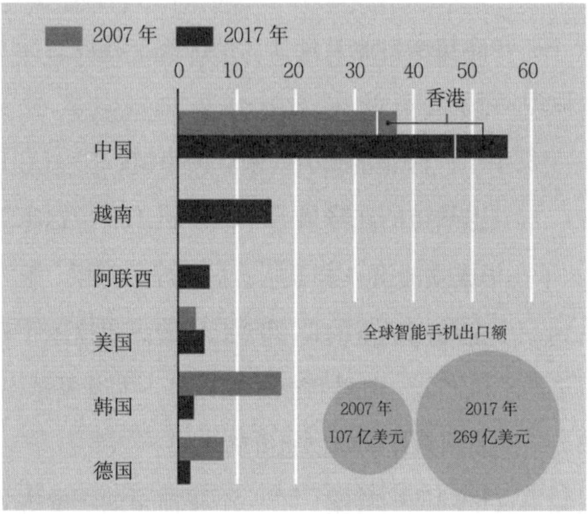

图片来源："China's Grip on Electronics Manufacturing Will Be Hard to Break", *Economist*, 2018.10.11.

图 4-1　主要手机出口国占世界手机总出口百分比

但有一点需要注意，90% 这个数字反映的并不是中国手机品牌的产量，而是纯产量。比如，苹果手机主要是在中国代工生产的，相应的部分也会计入中国的纯产量中。所以，这个数字反映的是中国的手机代工厂商及供应链网络在世界手机制造业中的地位。进入 21 世纪以后，品牌和生产已经被分离得越来越开，不能被混在一起讨论。我们一谈到手机，通常说的是苹果、三星、华为、小米等品牌厂商。它们面向终端用户，经常做广告，遂为人所熟知。但这些手机的生产过程，大部分是在提供 OEM 乃至

ODM[1] 服务的代工厂中完成的，诸如富士康、和硕、闻泰、华勤、龙旗、天珑、与德、智慧海派等。但它们不面对终端客户，只面对发包厂家，所以不太为人所熟知。

由前面的这些数据可知，三星手机工厂撤离中国，并没有使中国的手机产量下降。其实三星把手机生产转移出中国，主要是因为三星手机在中国市场上败走。2013 年，三星手机曾经占据中国手机市场近 20% 的份额，排名第一，这是它最巅峰的时期。但之后一路下跌，现在的市场占有率已不足 1%，排名更是跌到 10 名开外。但三星在世界手机市场的占有率仍然排名第一，在其他国家的销量也依旧很好。这样看来，它把生产基地转移到对外贸易条件更好的越南当然是最优选择。

即便如此，三星在越南的手机生产厂仍然与中国供应链网络之间有着深刻的关联。我们在广西凭祥友谊关口岸找到了在这里做报关代理以及国际物流的何加继先生。何加继从事这个行业很多年了，对于相关情况很熟悉。据他的粗略估计，就集装箱货柜的数量来说，凭祥口岸的通关产品大约有 30% 是与三星相关的；就货值来说，占比则更大。最近几年，每天下午 4 点都会有集装箱运输车辆在珠三角启程，第二天早晨到达凭祥

1 OEM，即纯代工制造，是代工厂按照品牌厂商的设计方案生产并交付产品，代工厂基本上是被动完成任务，比如富士康为苹果的代工就是这种模式。ODM，即代工设计制造，可以简单理解为贴牌，即代工厂按照品牌厂商的要求，进行设计、制造并交付产品。ODM 模式相较于 OEM 模式，代工厂在产品研发上有更大的主动性空间。

口岸，花几个小时通关后，当天下午 4 点抵达越南北部的三星工厂，日日如此循环往复。何加继从 2016 年年中开始为三星的一个屏幕玻璃供应商提供物流服务，仅仅半年时间，运输的货值就达到 1 亿美元。而他所运输的货物，仅占从珠三角发往越南三星工厂的货品中非常小的一部分。更加耐人寻味的是，三星在从中国撤走生产厂之际，做了一个决策——到 2020 年，要将自己 20% 的手机交由 ODM 工厂来生产。2018 年，这个数字还仅仅是 3%。[1] 而中国大陆的智能手机 ODM 产能在全球具有压倒性优势。

近年来，我们还经常看到苹果公司将代工厂转移到印度的消息。但仔细看数据的话，会发现一个很有趣的现象。图 4-2 的统计数据显示，2015 年，苹果公司在全球一共有 33 家代工厂，其中有 3 家在中国以外，有 30 家设在中国；2019 年，苹果公司在全球一共有 59 家代工厂，其中有 7 家在中国以外，有 52 家设在中国。据分析，苹果在印度和巴西设置代工厂，主要是出于规避关税的考虑——那里生产的手机主要用于满足当地市场。苹果公司的供应链数据显示，2019 年，苹果 47.6% 的供应商位于中国，

1 Lee Shin-Hyung, “Samsung to Continue Making Phones in China”, https://www.asiatimes.com/2019/10/article/samsung-to-continue-making-phones-in-china/. 韩国最大的科技新闻网站上有文章提出，三星手机 ODM 的比例在 2020 年有可能达到 30%，参见 Jihyeon Kim, “Samsung Aiming for 100m ODM Smartphones in 2020”, http://en.thelec.kr/news/articleView.html?idxno=468。

高于 2015 年的 44.9%。[1]

苹果手机的生产者在中国以外开设了一系列小的生产厂，以便应对进口关税。但是苹果在中国的生产规模还在继续扩大，产品线扩展到了智能手表、智能音箱和无线耳机。

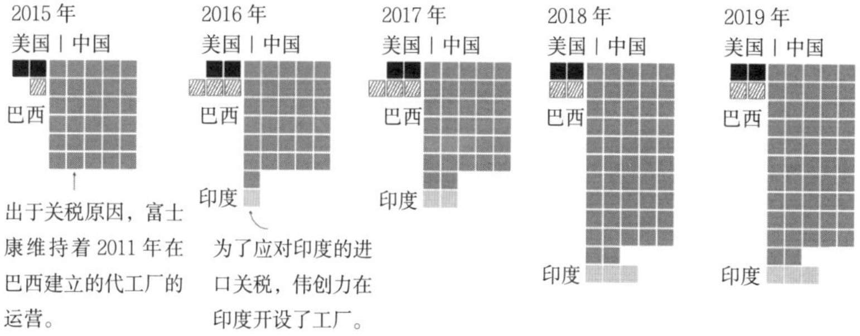

注：组装厂的统计中，并未计入那些主要进行维修与保养的厂家。组装厂包括富士康、和硕、仁宝电脑、纬创、广达电脑。

图 4-2　苹果在全球的主要供应商[2]

这些都从另一个角度告诉我们，Felix 关注的“广州”，其力量和韧性确实是超出我们想象的。虽然它确实面临很多问题，但很可能并不是我们在直觉上所想象的那些问题。无论你喜不喜欢，都必须直面“广州”的供应链网络的力量，理解它的内在机理，然后才能恰当地推想其未来走向。

1　Stephen Nellis, “Apple’s Data Shows a Deepening Dependence on China as Trump’s Tariffs Loom” , https://www.reuters.com/article/us-usa-trade-apple/apples-data-shows-a-deepening-dependence-on-china-as-trumps-tariffs-loom-idUSKCN1VI29I.

2　图片来源同上。

—“智慧制造”的两重根 —

F 先生告诉我们，他的 K 公司现在面临的一个很现实的困境并不是订单不足，而是订单太多，忙不过来，却招不到足够的工人，所以难以扩大产能。不只是 K 公司，东莞很多行业的很多工厂都面临类似的困境。

怎么解决这个问题呢？办法就是更多地使用机器来替代人。当然，这会导致一些人失业。虽然有相当一部分失业的人会转移到其他工厂和行业中（这属于摩擦性失业），但还是会有一部分人由于技能原因，无法找到新的工作（这属于结构性失业）。结构性失业需要通过一系列的社会福利政策来消化，而不是阻止机器替代人，否则，经济陷在困局中，会引发更大的问题。

F 先生带我们参观了他的鞋底工厂，里面已经上马了若干台机器人。他说每台机器人可以替代 4 个工人。我们简单地算了一下成本——上马一台机器人的支出，半年之内就可以全部收回。

这里面蕴含着K公司的业务和技术升级的机会。

K公司仅仅是一面小镜子，把视野放大到整个东莞，我们会看到大量的企业都在做这种努力。东莞市政府也正在着力推动这样一种产业升级，为此出台了一系列政策。诸如，在“科技东莞”工程中安排专项资金，用于推动企业实施“机器换人”；建立工业机器人智能装备的推广补助机制；建设针对工业机器人智能装备企业的专业孵化器和加速器；搭建东莞“机器换人”融资租赁金融服务平台，为应用企业提供担保、按揭、租赁等金融服务；对采用高端装备和智能制造装备的企业实施税收优惠，把研发等方面产生的费用计入免税部分。

市场和政府的这些努力，有了实实在在的效果。东莞的高技术制造业增加值占规模以上工业增加值的比重，从2010年的26.3%增长到2015年的37.2%；每百万人发明专利申请量，从2010年的382件增长到2015年的1338件。东莞市的“十三五”规划更雄心勃勃地计划着，到2020年要让高技术制造业占规模以上工业增加值的比重达到52%以上。[1]

把视野进一步放大，会看到东莞也仅仅是一面小镜子，整个“广州”的企业都在努力进行类似的升级——通过机器、信息系统等对人的替代，实现“智慧制造”。

---

1 相关信息可参见东莞市政府网站相关政府文献，如《东莞市国民经济和社会发展第十三个五年规划纲要》《东莞市战略性新兴产业发展“十三五”规划》《东莞市工业机器人智能装备产业发展规划（2015—2020年）》《东莞市重点新兴产业发展规划（2018—2025年）》，等等。

但是，进一步的访谈让我们注意到以前未曾留意的一些环节，也让我们意识到，近年来大热的“智慧制造”这个理念应该被拆解为两个部分——“智慧”和“制造”。二者有着一些不引人注目但很重要的区别。

让我们注意到这一点的，是位于东莞大岭山镇的港资企业冠威公司。陈志军先生在1993年来到东莞之后，供职的第一家企业就是冠威公司，他在此工作了20余年才离开。

我们拜访了这家公司的创始人叶仲伦先生。叶先生就出生在大岭山镇，1962年辍学，只身闯荡香港。初到香港，他一没技术，二没文化，三没人脉，只能一切从零做起。他想法子进了一间工厂做学徒，学习制作工业模具。凭着用心与刻苦，5年后他成为工模部的技术骨干，之后一路升为高管。1977年，叶先生独立创业，在香港注册成立了冠威公司，从事工模制造以及塑胶注塑加工。叶先生做企业极富工匠精神，这让冠威公司在困境中坚持了下来，依凭过硬的技术和质量赢得了客户。1987年，叶先生回到家乡大岭山镇开设工厂。他给冠威的定位是，尽量少做那些别人也能做的东西，一定要啃下来别人做不来的东西。经过20多年的技术积累和工艺更新，冠威已经成为塑胶工模及注塑行业的领头羊，是多家跨国企业在中国的指定供应商。冠威有许多独门绝技，制造出的模具和产品连老牌模具强国——德国、日本的企业都做不出来。

叶先生带我们从头到尾参观了模具生产的全流程，并为我们仔细讲解。就冠威目前的生产过程而言，模具生产可以粗略分为研发、设计、编程、精密机械加工、组装这5个环节。

在研发环节，由客户提出要求。但客户的要求经常只是一种功能性的描述，产品具体该是什么样子的，客户也说不清。这就需要模具厂与客户共同开发出框架性的方案。进入设计环节，模具厂会把这个框架性的方案细化为具体的操作方案。接下来是编程环节，操作方案会被转化为数控机床上的程序。之后，数控机床开始对钢材进行各种精密机械加工，做出模芯所需的形状。最后，把机械加工出来的若干个模块组装在一起，完成一套模具的生产。

我在厂里看到了高度自动化的精密机械加工环节，便问叶先生："随着机器替代人的进展，随着人工智能的发展，是不是模具的各个生产流程基本上都能自动化了？到那个时候，各个厂家都能用上差不多的生产母机，冠威引以为傲的技术、质量的优势还在吗？而且，到时候相关的机器被引入东南亚国家，它们也可以做出同样质量的模具，冠威要怎么办呢？"

没想到，叶先生告诉我，在精密机械加工和组装环节，机器替代人的能力会越来越强，但是前端的研发、设计、编程环节对于生产经验的要求非常高，机器是很难替代人的。

原来，模具的研发和设计中有一系列非常微妙的东西。比如，客户想要在产品上实现某些功能，并对外观有一定要求，模具厂就要与客户探讨，这种功能及外观该用怎样的结构设计才能够实现。如果研发工程师和设计工程师对于具体的生产没有经验，就很难想到方案的很多细节是否有可实现性。这些细节诸如：注塑时该用什么样的材料，其物理属性是否能实现那些细节；按照某种方案，模具材料的强度能否保证必要的使用寿命；模具的进胶点以及排气孔位置该如何设计。要想将这些问题全都考虑周全，就需要工程师有足够的生产经验。

并且，这些经验有很多是难以量化、无法言传的。因为，对于各种材料的物理属性，诸如膨胀率、缩水率、流动性、冷却速度等，材料的生产厂家只能给出一个大致范围，而不可能给出一个精确的数字。这就意味着每一种材料——无论是注塑过程还是模具本身所用的材料，在具体的生产过程中都会有误差率；注塑过程中，进胶点和排气孔位置的设计会影响误差率的作用范围；一系列生产环节的配合过程，也会产生或影响误差率。所有这些，又都是要通过编程来落实的。复杂的结构设计，要涉及电子、机械加工、程序设计、化学、材料等多个行业，还涉及多种材料的使用、多个环节的配合。一系列误差率叠加起来，生产出的实际产品就很可能和理想中的设计方案相去甚远。

该如何通过巧妙的方案设计，来让这一系列误差率相互协调，最终将误差率控制在可接受的范围内呢？一方面，它需要想象力；另一方面，它需要老师傅丰富的生产经验。但是，这种生产经验高度依赖工匠的感悟力。这种感悟力类似于艺术直觉，无法通过简单的讲述来传授，必须在长期的实践中才能体悟出来。就像我们无法通过向另一个人讲述如何游泳——哪怕把各种姿势、角度、技巧讲述得再好——来教会他一样。这个人必须亲自尝试，跳到水里，划水，呛水，在实践中才能学会。而且，在学会之后，他也没法说清楚自己是怎么学会游泳的。他能讲出来的，只会是一些表面上的原理，而更深层的东西，他虽能体会到却无法表达出来。

老师傅的生产经验里，有着一系列像游泳这样的，存乎于心但无法通过讲述传达出来的知识。这种知识，学者迈克尔·波兰尼称其为默会知识或隐性知识（tacit knowledge），以区别于我们通常所关注的显性知识（explicit knowledge）——后者是可以用书面文字、图表、数学公式等进行表述的。[1]

隐性知识在本质上是一种个体化的理解力、领悟力、判断力，镶嵌在实践活动当中，无法以规范化的方式加以传递，只能以师傅带徒弟的方式，让徒弟在学习过程中逐渐悟出来。但这种方式令隐性知识难以大规模地积累、传播。波兰尼进一步提出，隐性

1 参见［英］迈克尔·波兰尼：《个人知识：朝向后批判哲学》，徐陶译，上海人民出版社 2017 年版。

知识是显性知识的前提，人类正是以一系列隐性知识为前提，才获得学习显性知识的能力的。[1]

规范化教育所传递的都是显性知识，但正因为作为前提的隐性知识的存在，“人”才不会被规范化教育单向度地塑造，而是在学习过程中有着一种积极的主体性——通过隐性知识不自觉地决定该如何消化和理解显性知识。这保障了“人”是学习的主体而不是客体，从而令“人”能够突破给定知识，形成创造力。隐性知识与显性知识在这个过程中不断地相互作用、相互生成。

在这个意义上，正是隐性知识给了人以自由的可能性，把人塑造成螺丝钉的各种努力也因此在本质上都会失败。隐性知识还有显著的情境性和文化性。隐性知识的获得、运用和特定问题所处的具体情景，以及主体对这一问题和情景的直觉性把握有关，也和主体所处的文化背景有关。隐性知识的这些特性，使得世界必然是参差多态的，不至堕入整齐划一的命运，也让人类在面对

---

1 笛卡儿有句名言“我思故我在”，这句话里面的两个“我”是在不同位阶上的。笛卡儿说，任何命题，只要它里面有一点是可被质疑的，就要被暂时悬置起来，质疑到最后，发现有一个正在质疑的“我”的存在，是无法被质疑的。问题是，是“谁”发现了或观察到了有一个“我”正在进行质疑呢？肯定是另一个位阶上的“我”，这个底层的“我”观察到了作为对象的、浅层的“我”正在进行质疑，但底层的“我”是观察行为的主体，它本身去观察而不被观察；一旦你要观察那个底层的“我”，一定有个更底层的去观察而不被观察的“我”作为主体，反思这个作为对象的次底层的“我”。追溯到最后，你会发现总有个最底层的“我”作为主体，它观察一切而本身不被观察。就像眼睛能够看到一切，唯独看不到自身，它最多只能通过镜子看到自身的影像，这并不真的是它自身，只是那个次底层的“我”。这个最底层的无法被观察、从而也无法被言说、只能被体会的“我”，就是隐性知识的载体，也是一切反思、行为的主体和前提；相对浅层的“我”，是各种显性知识的载体。所以，隐性知识是显性知识的前提。

各种不确定性时，具有足够的应对能力。因此，隐性知识对人类不仅仅有一种知识学的意义，更有着一种关乎人类命运的类神学意义。

考虑到隐性知识这个维度，我们就可以说，模具生产中精密机械加工、组装这两个环节是可以用自动化的机器来完成的，因为它们都属于显性知识的部分。而研发、设计、编程这几个环节有着隐性知识的深度参与，仅仅靠机器或人工智能是无法完成的。

我把“智慧制造”拆分成“智慧”和“制造”这两个部分。在通常的理解里，“智慧”部分是可以用机器来完成的，这些都是用显性知识能够搞定的，我姑且称这部分为“技术”；“制造”部分则不仅仅包括机器的工作，还必须包括人的能动性参与，需要一系列的隐性知识，我姑且把需要隐性知识的这一部分称作“手艺”。依照这个区分，就可以进一步看出，“智慧”部分是可以用机器替代人的，“制造”部分则有相当部分是无法用机器来替代人的。

通过隐性知识和显性知识区分出“智慧制造”当中所需要的“技术”与“手艺”这两部分，是我们理解“智慧制造”时很重要的两重根。[1]

过去我们讨论供应链网络的时候，关注的通常都是关于显性

---

1 关于隐性知识与制造业关系的问题，与王剑利博士的讨论给了我很多启发。

知识的这一部分。我在分析中曾着重提出，在供应链网络的规模超过某个门槛之后，劳动力成本和土地成本在综合成本当中的占比将大幅下降，网络的效率才是成本控制的核心。而规模决定了效率，这就让中国的供应链网络难以被其他地方替代。纳入隐性知识的概念后，这个分析还必须加入一个新的要素，那就是拥有“手艺”、掌握隐性知识的人群的规模。

“手艺”这种隐性知识是难以大规模传播和积累的，它只能在实践当中被体悟，而中国庞大的供应链网络提供了最大规模的实践机会。工厂能够从中国迁走，但是这个人群的隐性知识无法跟着被迁走。迁入国的工人和工程师在“手艺”上本就不足，加上迁入国的供应链规模和中国差着几个数量级，当地的工人和工程师就没有那么多机会发展起必要的“手艺”。这就意味着，只有那些对于“手艺”的依赖度比较低的环节，才有比较大的可能被迁移出去。这就从另一个角度解释了，为什么迁往越南的制造业，通常都是生产流程中最终的组装环节，而较少是上游环节——上游环节对“手艺”的依赖度会高很多。

我们甚至可以在创新层面上进一步区分出基于显性知识的创新——技术创新，和基于隐性知识的创新——工艺（手艺）创新。后一种创新高度依赖师傅的经验。有可能某个师傅在某个特定环节有着深刻的体悟，有着“一招鲜、吃遍天”的能力，从而可以在某个极小的细分领域拥有不可替代的地位，甚至自己出来单干。

但是，由于师傅的核心竞争力是一种隐性知识，无法大规模传递，只能通过带徒弟，个体性地让他们习得，师傅也就无法凭此建起一个大规模的工厂，最多只能建个小作坊。但如果供应链网络的规模足够大，网络中就会浮现出大量拥有这种“一招鲜”的小作坊，反过来也会令供应链网络拥有难以被替代的巨大活力。我们在东莞见识到了一系列这样的“一招鲜”小作坊，它们在我们平常的视野之外，但这里面潜藏着中国经济活力的秘密。

随着在冠威访谈的深入，我们又产生了新的疑问：既然研发、设计、编程这三个环节都需要师傅的经验才能做到最好，而师傅的经验又是从若干年前亲自动手进行精密机械加工、组装的过程中逐渐获得的，那么，随着后两个环节逐渐被机器替代，未来的师傅该到哪里去获得必要的经验呢？

提到这个问题，叶先生面露忧色。他说：“制作模具的技术学起来时间很漫长，现在的年轻人都不愿意去下苦功夫学习技术了，更愿意挣快钱。好的师傅在未来真的有可能青黄不接，这是真正让人忧虑的。”他指着曾任冠威技术总监、坐在旁边陪我们访谈了一整天的陈志军先生，说：“像 20 多年前陈生这样的大学毕业高才生，还肯在工厂里从最基础的技术学起的，现在已经很难找到了。”

陈志军在旁边摸着肚皮，露出了矜持而又骄傲的笑容。他确实有资格骄傲，我们在一路上听到很多人讲起有关他极高的技术水准的故事。他对于“手艺”这种隐性知识的深度理解力，想必与良好的受教育程度有着密不可分的关系。那么，为什么当年的大学生愿意从最基础的技术学起呢？

— Overqualified —

陈志军给我们讲述了当年他从湖北的国有单位南下广东的故事。

陈志军在 1986 年毕业于南京航空学院（南京航空航天大学的前身）的飞行器制造工艺专业，这是中国顶级的工科高校。毕业后，他进入位于湖北省荆门市的某国有研究所从事研究设计工作。1993 年，因为偶然的机会，陈志军来到东莞，进入冠威公司工作。冠威给的月薪几乎是他在荆门收入的 10 倍，如此之高的收入当然更有吸引力，陈志军就留在了冠威。

听到这里，我们发现了因为特殊的历史处境而浮现出的一种人口红利。陈志军受过一流的教育，有着强大的技术能力，但是在非市场经济的条件下，他的高文化水平和能力都无法转化为相匹配的收入。而到内地投资的外资企业是在相对市场化的条件下提供薪酬的。对陈志军来说，即便是从很基础的技术岗位做起，也可以获得远高过在国有单位的收入，所以他愿意沉下心来认真学习。

而对冠威来说，即便给了陈志军比在国有单位中高得多的薪酬，人力成本也比在香港低很多。而且，陈志军的受教育水平和由此具备的技术潜力，是远远超过在香港能招到的同等职位的人的。陈志军的水准相对于他在冠威任职的岗位，是远远overqualified。overqualified是说一个人的水准相对于他的职位来说过高，有些“大材小用”的意思。但我们在说某人被“大材小用”的时候，通常都会有一些为其抱不平的意思。而对“陈志军们”来说，外资企业实际上给他们提供了巨大的机会，并不存在需要抱不平的问题，所以“大材小用”在这里并不是个恰当的翻译。可我实在找不到一个恰当的中文译法，只好直接用英文来表达了。

陈志军与冠威实际上是一种相互成就的关系。冠威给陈志军提供了与自己的受教育水平相匹配的收入，让他获得了一种被承认的尊严；陈志军overqualified的能力让他虽在基层，却可以获得足够多的关于生产技术的隐性知识，并凭借自己的能力将其转化为对冠威的更大贡献，让冠威获得更好的成长，也能使自己晋升到更高的职位，获得更好的薪酬。

冠威不仅招收到了陈志军这样受过良好教育的工程师，还招收到了内地不少高水准的技术工人。这些人在市场经济的环境中都获得了远高于内地的收入，他们的能力相对于自己的职位，有很多都是 overqualified。他们与冠威一同成长，一个良性循环的过程就此展开。

冠威也是一面小镜子，折射出一个大时代。内地的非市场经济的环境，是新中国成立后几十年的政治原因塑造出来的，它堰塞出了一个高水位的人才库，但没有一个恰当的市场环境让这些人才的能量释放出来。而外资企业进入内地、提供市场化的收入水平与发展机会，使这个高水位的人才库找到了出口，奔泻而下。在一般的市场环境里，也许会有一些个体性的 overqualified 的人物存在，但他们很难构成统计学意义。而在当时中国特殊的历史处境之下，一个庞大的 overqualified 群体出现了，并在巨大的水位落差下，爆发出难以想象的巨大能量。这是中国能够出现经济奇迹的一个重要前提。

中国的这种人才水位落差是一种特殊意义上的人才红利，外资企业可以利用这一红利获得巨大的发展机会。我们通常谈论人口红利，都是在谈论人口规模、年龄结构、人力成本等要素，却很少触及 overqualified 这样一种特殊群体。这是因为这个群体有着太强的历史特殊性，无法作为一个常规性的现象被讨论。在讨论中国的经济成长时，这是一个很重要的角度。

1989 年的特殊历史情境又塑造出另一个庞大的 overqualified 群体。那一年毕业的大学生，很多都无法去自己心仪的单位工作，只能服从国家的重新分配。我们采访到的 C 先生，是从华南某名牌大学一个非常“硬核”的专业毕业的高才生，原本已经被一个心仪的单位接收，但是被这一年的大势波及，失去了这个工作机会，被分配到根本不想去的地方。于是，C 先生索性辞掉这个工作，一咬牙去了刚刚在广东成立的裕元公司。与他一同进厂的，还有一系列中国顶尖名牌大学的毕业生。

那个年代的大学生还很稀罕，顶尖名牌大学的毕业生更是绝对的天之骄子。若不是因为这一年的特殊历史情境，他们多半会被分配到政府机关、银行、大企业、大报社等很体面的地方，绝对不会想去一个鞋厂工作。裕元非常重视这些大学生，排工号的时候，不是按照先来后到的顺序，而是先把这批大学生排起来，排到 50 多号之后，才开始排工人的工号。当然，后来再进厂的人，不论什么学历都享受不到这种待遇了。

这群大学生绝对是 overqualified，并且，他们还有种特殊的情结。那就是，他们原本对未来有着巨大期待，却被现实狠狠打击，这种落差感远大于陈志军那一批人，所以他们多半还憋着一股劲儿，誓要闯出一条路证明自己。强大的内驱力再加上一流的受教育水平，他们很快就迸发出巨大的力量。尽管这 50 多个大学生在工作一年后流动走了一部分，但留下来的二三十个人都迅速成长为裕元内部极为重要的管理和技术人员，让裕元获得了意想不到的高速成长。裕元不过也是一面小镜子，它折射出那个时候进入大陆的很多台湾企业的成长轨迹——1989 年毕业的那代大学生的特殊历程，令台湾企业收获了一轮特殊的人口红利。

因为政治原因而堰塞出的高水位人才库，在中国形成了两批庞大的 overqualified 人群。适逢他们的发展冲力与中国的市场化改革在时间上发生了耦合，让当时的中国经济奔泻出难以比拟的发展动力。我在倾听这些故事的时候，不由得想起 40 多年前何彬的故事。经他亲手调制的一把劣质琴，震惊四座，而在这琴声背后，他有多少内心的郁结，有多么渴求心中的绿洲啊！中国在 20 世纪后半段，发生了太多这样的故事。多少生动的灵魂，多少充满力量的内心，都在沉寂中默默地等待机会。一旦突破口出现，澎湃的力量迅速爆发，沛然莫之能御，这会成就多少奇迹。

这种政治因素导致的 overqualified 情况，太过非常规，不仅在其他国家无法复制，在中国本土也无法复制。对其他后发国家来说，这意味着它们在发展动力上与 30 年前的中国有一个巨大区别。我们在河内访谈到的 JETRO 的会长说越南没有企业家，其背后的机理也可能与此有关。

对中国来说，这意味着未来可能会出现某种人才危机。在访谈中，叶仲伦先生和陈志军先生也都在忧虑可能出现的人才断档。他们在 30 年前亲身参与缔造的经济奇迹，那种逻辑确实很难被复制，因为历史为此付出的代价实在是太大了。

然而，中国很有可能正在以另一种方式形成一大批新的 overqualified 人群。1999 年，中国大陆开启了高校扩招，接受高等教育的人口比例迅速上涨。1982年，全国受过高等教育的人口仅为443万，到2015年达到1.71亿，占全国总人口的12.4%。2010年的统计结果显示，70后人口中有23.1%接受过高等教育，80后人口中，这一比例提升为44.8%。[1]而美国人口普查局的统计结果显示，从2000年至2018年，美国25岁及以上人口获得学士或更高学位的人数占比仅从25.6%升至35%。[2]

可以想见，再过10年，第一批70后开始退休，到那个时候，中国就业人口中接受过高等教育的人数占比肯定超过一半。这一比例不仅超过世界大部分国家，也大大超过中国的经济结构对人才的需求结构。于是，会有一大批接受过高等教育的人去做只需相对低教育水平即可完成的工作，他们显然是overqualified。

这群overqualified的人，跟前两拨的历史逻辑不一样，他们会对中国经济形成什么样的推动力量，我们现在还无法得知。但是，这种教育水平对于经济发展，肯定会有一种特殊效应。它跟过去的路径不会一样，很可能是新的逻辑。

---

1 张银锋：《高等教育人口占比提升至新水平》，《中国社会科学报》，2017年5月3日。
2 徐剑梅、刘阳：《数据显示美国受高等教育人口比例增加》，http://www.xinhuanet.com/world/2019-02/22/c_1210065687.htm。

— 中国的工业化路径 —

要探索这种新的逻辑，得先梳理清楚中国是如何走到今天的。近年来中国媒体经常引以为豪地说，中国现在是全世界唯一拥有联合国产业分类当中全部工业门类的国家。上一章我谈到日、韩路径和澳、加路径之分，中国作为后发国家，能拥有完整的工业体系，所走路径显然类似于日、韩，但方式比日、韩激进得多。[1]

中国在 1949 年之后的工业化进程是以计划经济开启的，而计划经济的政治前提是共产主义革命。共产主义阵营对于世界秩序的基本理解是，要推动全球普遍进行共产主义革命，从而实现人类的最高理想，这个过程很可能会引发与西方阵营的战争，共产主义阵营要为这种战争做好准备。就当时的技术条件而言，战争需要的最重要资源就是煤和钢，以及其他重化工业产品。所以，

1 我在下面关于中国工业化进程的讨论，颇为受益于与张笑宇博士的讨论。张笑宇的相关讨论，可参见他即将出版的著作：《技术与文明的故事》。

共产主义阵营以国家力量推动工业化的过程，要先从重化工业开始。这和一般国家从轻工业开始，（如果有机会的话）再逐渐发展到重化工业的路径很不一样。

煤、钢等重化工业都是19世纪后期发源于第二次工业革命的产物。如果我们仔细研读经济史，会发现几次工业革命的逻辑差不多都是：生产技术和组织技术都发生了重大变革，生产技术上的革命需要找到恰当的经济组织形态，才得以规模化地展开。非常粗略地说，第一次工业革命依托的是蒸汽机技术和工厂化组织技术，第二次工业革命依托的是重化工业技术和大财阀组织技术，第三次工业革命依托的是电子技术和跨国公司组织技术，第四次工业革命依托的是信息技术和分布式组织技术。

对共产主义阵营的国家来说，第二次工业革命的生产技术已经有现成的了，学过来便是，重要的是推动组织技术变革，要把人口从传统农业社会当中拔出来，将他们改造成组织化的现代产业工人，并把国家和社会都按照重化工业的要求改造成匹配现代化大工厂的组织模式。可以说，对后发国家而言，发展第二次工业革命的核心不是技术创新，而是组织效率上的创新。而共产主义政权的组织效率可以说是无与伦比的，因为传统社会的结构是与重化工业所需的社会结构及文化秩序相拮抗的，而共产主义意识形态恰好会对传统做最为激进的改造。经过重新格式化的社会，为计划经济的展开提供了最合适的土壤。

因此，共产主义国家以极高的效率发展出了自己的重化工业。然而，就算不考虑伦理代价，以及过程里国民福利的严重损失，这种发展模式仍然潜藏着一系列问题。

强行发展重化工业会带来国民经济结构的严重失衡，令经济内部的生态系统存在一系列先天性不足。此外，由于重化工业不是基于轻工业的市场需求发展起来的，而是在政治规划下发展起来的，其自运转、自发展的能力便会很差，这反过来会让经济对指令性计划有着更强的依赖性。而计划经济的这种绑定效应，又会抑制创新能力，因为创新的本质特征就是不可预期性，它依赖于一种自由的环境。这种创新一旦产生，会对计划构成严重挑战，所以会被抑制。结果就是，一国在通过计划经济推动本国的工业革命，又吃尽其技术红利之后——吃尽的时间与康德拉捷夫周期有关，通常是该国工业革命开启之后 30 年左右，经济会陷入严重的低效状态，国民经济失衡的恶果到这时也会全面爆发。只有创新才能突破这种困境，但是计划经济恰恰抑制了这种自我迭代的经济机制，从而走向自我否定。

中国就是在这样一种困境之中，开始了改革开放。

实际上，共产主义国家的计划经济，在 20 世纪八九十年代，都经历了转型。学界将转型路径分为三种：第一种是自上而下的转型，以苏联和东欧国家为代表，它们采取休克疗法，试图通过把国有经济大规模私有化，迅速过渡到自由市场经济及其所需的社会制度；第二种是由内而外的转型，以匈牙利、捷克等中欧国家为代表，它们将国有经济出售给跨国资本家，通过引进跨国企业来打造自由市场经济及其所需的社会制度，并提供国内经济与世界市场接轨的机会；第三种是自下而上的转型，以中国与越南为代表，它们走的是混合式经济的发展道路，在不放弃国有经济的前提下，允许本土私营经济以及外资经济的发展。[1] 相比另外两种转型路径，中国的路径出人意料地创造了更为繁荣的市场经济。这种路径因为不触及国有经济体制的核心要素，被一些学者称为“从计划外成长”的模式。虽然基于国家意志的“计划”在效率方面不能令人满意，但“计划外”的“成长”提供了“计划”所没有的自我迭代的创新能力。

1949 年之后中国经济的发展，可以分为 4 个阶段。先是 1949—1978 年的重工业优先发展阶段，这个阶段的发展逻辑深受苏联工业化经验的影响，以计划经济手段强行推动了第一轮重化工业化，中国的重化工业实现了前所未有的发展，但造成国民经济严重失衡；1979—1998 年是轻、重工业均衡发展阶段，市场引导轻工业发展，开始弥补前 30 年国民经济的畸形发展；1999—2011 年是第二轮重化工业化阶段，重化工业占比再次大幅上升，这个阶段的重化工业发展，与保留下来的“计划”有关；2012 年

1 相关的学术研究已经有很多，参见郑志鹏的《外生的中国资本主义形成：以珠江三角洲私营企业主创业过程为例》，《台湾社会学》第 31 期（2016 年第 1 期）。该文做了简单的学术史梳理，本书在此处的简述也是从该文中转述而来。

至今是重化工业优化回调的阶段，轻工业占比明显回升。[1]

重化工业相当于现代工业经济中的基础设施。随着改革开放前半段轻工业的发展，过去的经济基础设施已不敷使用。于是，重化工业在市场引导下再度发展起来。随着经济基础设施建设大致完成，轻工业在2012年之后的占比再度回升。这些过程都属于相对正常的经济现象。

与第一轮重化工业阶段相比，第二轮重化工业阶段的增长机制有着深刻变化：增长的出发点和归宿点具有较为可靠的市场导向基础，适应居民消费结构升级的需要，技术含量和附加价值逐步提高，增长中基本形成了国有和国有控股企业、中外合资或外商独资企业、民营企业三足鼎立的格局。[2]

而且，第二轮重化工业的发展，与第一轮之间有着很复杂的关系。我仅以大化工业为例，解释这个问题。[3]

化工产业分为两大类型。一类是大化工，也就是石油化工，它是生产初级原料的，比如乙烯。这类产业的特点是工厂规模和投资额都很巨大，后发国家很难纯靠市场机制发展起来，就如日本、韩国只能通过财阀发展起来。大化工是现代工业基础中的基础，也是完整工业体系的前提。另一类是精细化工，比如生产药

1 邓洲、于畅：《新中国70年工业经济的结构变迁》，《中国经济学人（英文版）》2019年第4期。

2 刘世锦：《对中国进入新重化工业阶段的解析》，《经济前沿》2004年Z1期。

3 下面关于大化工问题的探讨，相当部分是直接转述了我与孙亚飞博士的讨论，其中主要的知识贡献都源自孙亚飞博士。

品所需的化学制剂。这类产业的特点是生产流程长且复杂，每一步都需要稳定的工艺。没有大化工的国家可以通过进口大化工的原料来进行精细化工生产，但这需要相对较好的国际贸易环境。

国际上，大化工的第一梯队企业在西方有著名的“七姐妹”公司之称，包括美孚、壳牌、BP（英国石油公司）等公司。它们都跟洛克菲勒有关，基本上控制了上游石油开采资源以及主流的加工技术。沙特阿美依靠当地丰富的原料，而位列第二梯队。此外，中国的中石油、中海油、中石化等大型国企，也都属于第二梯队。第二梯队的技术相比第一梯队还是有一定差距的，但大化工对于市场规模的依赖度比较高，所以中国有着特殊优势。

中国的大化工技术是分两次引进的，第一次是在20世纪50年代引进了苏联的技术，第二次是在20世纪70年代引进了西方的技术。第二次技术引进早在1972年尼克松访华之后就开始了，当时，美国出于牵制苏联的考虑，向中国输出技术。但中国成体系地从西方引进技术，则是改革开放之后的事情了。中国的大化工真正起步，靠的就是第二次技术引进。

不过，尽管第一次引进的技术，到后来已经过时，从长期来看并没能推动中国大化工的发展，但它有一个重要意义，就是让中国对于大化工该如何发展有了基本的理解，从而使第二次技术引进有了相对的自主性。如果第一次引进没能吃透，那么第二次引进的时候，中国由于欠缺基本知识，就只能让西方企业到中国直接建厂，中国也就没法相对自主地决定要建什么样的工厂，要引进什么样的技术。也就是说，第一次技术引进虽然没能让中国发展起有市场活力的大化工业，但是让中国拥有了关于大化工业是什么样子的必要的“隐性知识”，这样一来，在第二次技术引进的时候，中国才有了必要的谈判能力和筹码。否则，中国的发展路径就不会是后来的样子，也就不一定能形成完整的工业体系了。

大化工业的案例让我们看到，在中国，第二次工业革命的产业是如何靠国家意志推动建立起来的。这些产业属于现代经济的基础设施，但仅靠基础设施，经济是没法获得活力的，真正的活力来自基础设施上面运行的各种生机勃勃的其他经济主体。

中国拥有较为发达的第三次工业革命的电子技术产业和第四次工业革命的信息技术产业，它们才是我们日常能看到的各种经济活力的基础。它们不是靠国家意志，而基本上是在市场力量的推动下发展起来的。正是它们的勃勃生机，才能反过来让那些基础设施性的产业获得活力，否则，这些重型产业大概率会沦为与来自苏联的第一次技术引进所建成的产业同样的结局——如果光有公路却没有车，公路本身也就没有意义了。同时，如果没有基础设施性的产业作为前提，中国后两次工业革命的产业未必能发展到今天的高度——如果没有公路，车也跑不起来。几次工业革命的产业，在中国经济当中有着复杂多元的复合性关系，无法被单独拎出来抽象讨论。

—“枢纽”与“双循环”的进阶版—

在现代工业经济中，产业秩序是环环相扣的——在此，我姑且用近代以来的几次工业革命来指代产业秩序。每一次工业革命的核心产业在初起之际都能获得超额利润，随着技术不断扩散，这个产业的利润率会下降到平均水平。但是，这个产业会构成下一次工业革命核心产业的基础设施或者前提。比如，第三次工业革命的电子技术产业，其生产能力就是以第二次工业革命的重化工业产业为前提的；第四次工业革命的信息技术产业中，信息经济的硬件生产是以第三次工业革命的电子技术产业为前提的。

基于上述一系列分析，我可以对《枢纽》一书做出的“中低端制造业向中国的转移具有终局性”这一假说，以及由此衍生出的世界经贸“双循环”结构的假说[1]做进一步的发展，形成“进阶

1 施展：《枢纽》，广西师范大学出版社2018年版，第七章第一节、第二节。

版”的假说。但要强调一下，以下讨论的产业，基本上还是在中低端意义上，高端部分仍然是由西方世界主导的。不过，世界上大部分产业显然都是属于中低端的。

第二次工业革命的核心重化工业产业要想发展起来，[1]需要国家意志推动，并且，这个产业的效率对市场规模比较敏感。因此，这些产业大致是终局于中国的。第三次工业革命的核心电子技术产业又对重化工业有高度依赖性，这使得中国在电子技术产业上同样具有巨大优势。但这并不排除其中有些环节，尤其是对供应链依赖度相对较低、人工成本占比较高的环节，会向其他国家，尤其是东南亚国家转移。并不是每一个国家都需要有完整的产业结构的，一个国家完全可以通过国际贸易与其他国家形成协作关系，借助其他国家的产业秩序作支撑，发展本国有比较优势的产业。中国与东南亚国家之间很可能就是这种关系——中国制造业向东南亚的转移，在很大意义上是一种溢出，而不是转走。

至于第四次工业革命的核心——信息技术产业，还在发展中，其核心动力是创新。这一轮创新是由两条腿来支撑的：一条腿是技术创新，它依赖的首先是足够自由的经济生态环境和法律生态环境，美国在这方面有着明显优势；另一条腿是商业模式

1 第一次工业革命的核心产业是纺织工业（通常说蒸汽机的使用带来了工业革命，但蒸汽机只是一种新的动力来源，本身并不构成巨大规模的产业），纺织工业至今仍然是后发国家走上工业化道路时通常选择的第一步。但是纺织工业属于轻工业，它并不构成其他工业部门进行生产所依赖的基础设施，所以这里的讨论就从第二次工业革命的核心产业重化工业开始，对第一次工业革命不做过多讨论了。

创新，它依赖的首先是足够大的市场规模，中国在这方面有一定优势。

与前几次工业革命的技术相比，信息技术的应用彻底摆脱了空间的限制，完全穿透国界，进而对传统的国际法权秩序提出了深刻挑战。第一次工业革命以来的历史告诉我们，在这种情况下，一定是法律、制度、企业组织形态和社会组织逻辑等发生演化，以适应技术和经济的演化。尝试用政治或法律手段去逆转技术的演化逻辑是无法成功的，反倒会让转型过程充满更大的不确定性。而且，信息技术的运行对物理硬件有依赖，仍然需要重化工业和电子技术产业所提供的硬件制造能力，这些制造业也会随着信息技术的演化，开始改变自己的企业组织形式。

具体观察中国经济中这几次产业革命的发展逻辑，我们会发现，依托国家主导的力量发展起来的重化工业，作为工业经济的基础设施，很可能不是效率导向，而是特定意义上公共服务导向的。电子技术产业和信息技术产业则主要是靠市场的力量，依托民营经济发展起来的。尤其是信息技术产业，它的高速迭代反向拉动了电子技术产业的重构，电子技术产业也会高速迭代，这就要求这两个产业领域的企业都必须有足够高的经营效率和灵活性。而这一点，唯有在市场竞争中拼杀出来的民营企业才能做到。当然，这里的讨论都是框架性分析，不排除有特定的具体产业不在这个解释框架里。比如，电信运营商在很大程度上会受到国家意志的影响，因为它的核心资源——通信频段，并不完全由市场来分配。[1]

综上所述，中国的“枢纽”地位和世界经贸秩序“双循环”结构这些假说的进阶版就是一种多层级结构。

第二次工业革命的重化工业产业，对于国家意志和市场规模有着敏感性，中国大致能占据枢纽地位。

第三次工业革命的电子技术产业，则会有一些产业环节（而不是整个产业）从中国转移到东南亚。在这个意义上，中国与东南亚加在一起占据枢纽地位。但中国在其中有较强主导性，这根植于中国供应链网络的规模，以及中国在重化工业产业上的优势。

第四次工业革命的信息技术产业，由美国主导，但中国在其中具有一定的影响力。一方面是因为，中国超大市场规模能带来商业模式创新上的优势。近几年全球十大互联网公司排名里，基本上都是 6 家美国公司，4 家中国公司，这就可以说明问题。另一方面是因为，中国在信息技术产业的硬件制造环节具备优势。但中国的优势都是处在从属性地位的：信息技术的最核心技术——无论是硬件还是软件，都还是掌握在美国公司手里；信息技术会推动国际法权秩序发生一系列变迁，进而倒逼很多国内法权秩序、企业和社会组织形态发生一系列变迁，而美国在法权规

1 关于通信产业的问题，与刘天喜博士的讨论给了我很大启发。

则制定方面有很强的优势。

基于中国（及东南亚）的“枢纽”地位，以及全球经贸秩序的“双循环”结构这两个假说，我们还可以识别出两种类型的双循环。一种双循环结构与政策无关，纯粹是由中国基于市场过程而形成的一系列比较优势带来的，姑且称之为“双循环 A”；另一种双循环结构是由于政策干预（人为改变特定的要素价格，令中国形成相对于其他国家的不对称竞争优势）带来的，姑且称之为“双循环 B”，双循环 B 中蕴含着中国的国民福利损失。[1]

双循环 A 源于市场过程，相当程度上是基于中国民间的动能，这是中国真正的比较优势所在，也是全球经济治理秩序在改革时需要顺应的。各种内外政治层面的不确定性，会对双循环 A 有所扰动，导致它出现某些变形，但随着技术、公司和制造业逻辑等的演化，民间社会的经济秩序演化路径和主权国家的经济—贸易政策所构想的路径，会越来越走上两条分岔的路向。

再来看双循环 B。一旦政策干预撤销了，双循环 B 是有可能坍缩掉的，所以贸易摩擦有可能改变它。从另一个角度来看，如果双循环 B 真的坍缩，会有助于恢复被扭曲的要素价格，对于中国的国民福利是有好处的。

在对双循环做出两种类型的区分后，我们有必要重新审视贸易摩擦及其影响。

---

1 我关于“双循环 A”与“双循环 B”的思考，受益于与张笑宇博士的讨论。

基于这一系列分析，我们就可以在新的角度上观察中国的各种经济政策。从全球角度看来，中国是少有的同时拥有全部四次工业革命产业的国家。但是不同梯次的产业具有不同的经济逻辑，因此，对中国经济及其与世界经济关系的理解，必须分层次、分位阶地展开。进而，中国经济所需要的政策逻辑也是要分层次、分位阶制定的，不能笼统划一。

然而，中国很微妙地处在一种政策惯性的风险中。中国较为成功地依凭国家意志推动了重化工业的发展，这种成功经验会形成一种政策惯性，让国家本能性地想象，第三次和第四次工业革命的产业也都可以仿照第二次工业革命的产业政策而获得成功。但这无疑陷入了一个盲区，忽视了不同产业秩序有不同的政策需求。

尤其是第四次工业革命的信息技术产业，它对主权国家有着强大的穿透力。要想有效回应这种技术在政治、社会等各方面的挑战，很可能需要一种新的去国家化的分布式组织技术。重化工业时代的政策逻辑，是根本无法匹配信息技术时代的需求的。但这并不代表中国只需要匹配信息技术产业的政策就足够了，这种理解是陷入了另一个盲区。中国需要的很可能是一种更多层次、更加复合性的政策。但这种政策的形成，要基于对不同梯次产业逻辑的恰切理解。

在这种多层次、复合性的政策中，针对第二次、第三次工业革命产业的政策，更多应该是守成性的。原因在于，这些产业构成了第四次工业革命产业的基础设施，中国在这些产业领域已经是当仁不让的世界工厂；它们目前多半已落入平均利润率的阶段，虽然能够带来正常的经济回报、提供很多就业岗位，但我们不能期待它们带来太多额外的东西。因此，守成性的政策更加合适，政府在这些领域应当扮演守夜人的角色。如果政府在这些领域有着过度进取的政策，大概率会造成资源的低效率使用，导致国民福利的损失。

而针对第四次工业革命产业的政策则应该是更富创造性的。这种创造性很可能表现为，政府退居幕后，民间力量更多地站到台前。因为第四次工业革命需要的分布式组织技术具体会是什么样子，现在没人能够说清楚。但我们知道的是，政府更擅长集中式的组织技术，而分布式组织技术的演化天然适合以民间力量为主。并且，我们在这个问题上还可以对跨国的民间力量抱有更多期待，因为信息技术对国界具有穿透性，新的秩序及新的法权原则的演化生成当中，需要一种有跨国视野的民间力量参与。

— 封装式思维与商人秩序 —

基于前几章的分析，我们可以看到，信息技术的应用以及制造业的生产流程正日益成为跨国性的存在。我在第一章里曾经引用过一系列数据：在20世纪90年代，国际贸易中有70%是成品贸易，30%是零部件、原材料等中间品的贸易，大部分生产流程都是在单个国家内完成的；到2018年，这个比例正好反过来，国际贸易中有70%以上都是中间品贸易，成品贸易的占比下降为30%左右，大部分生产流程都是跨国完成的。由于技术和生产逻辑的演化，中间品贸易的比例在未来很可能还会继续上升。从这些数据也能看出，由商人撑起来的经济空间与国家主导的政治空间重叠的部分日益减少。简单地以国家为单位来思考经济问题，会越发与实际情况错位；既有的以国家为参与主体、商人声音很微弱的国际经济治理秩序与其治理对象之间，也越发不匹配了。

经济空间脱离政治空间的这种状况是近十几年发展出来的。而我们现在所熟悉的以政治空间为单位来观察和思考经济、社会乃至文化等各种问题的方式，则有着二三百年的历史。这种思维方式会让我们本能地把各种问题都封装在一起思考，政治空间则是用来封装这些问题的外壳——我称之为一种“封装式思维”，民族主义就是这种思维方式的典型表现。封装式思维会简化复杂的世界，以便塑造共识，并转化出政治动员的效果。但它会遮蔽真实秩序，在这种思维模式下，我们对世界的理解和态度可能是扭曲的。不过，只要扭曲不超过某个“度”，封装式思维带来的简化性还是有历史效用的，因此，民族主义在近代以来一直是个历史潮流。可一旦超过了某个“度”，封装式思维就会带来很大的问题。今天，封装式思维让我们越发无法看清楚经济空间的实际逻辑，已经到我们需要突破它的时候了。

人的观念转换经常是滞后于实践过程的，往往是实践已经往前走了很远，观念还停留在上一个阶段。由上一个阶段的观念形成的目标设定、政策规划等，便都会是偏曲的。这些偏曲的目标与政策很难在实质上逆转实践演化的方向，但无疑会增大摩擦系数。封装式思维引出的政策，是导致贸易摩擦的原因之一，封装式思维还会让我们在解读贸易摩擦、思考产业转移等问题时，陷入一种思维陷阱中。这是因为，封装式思维作为一种思维范式，很容易从政治空间延伸到其他空间中去。比如，一种产品的生产有很多流程，我们在对生产流程进行想象时，很容易会把它们封装在单个工厂的空间中，看到工厂的转移，本能地就会联想到整个生产流程的转移。这种封装的想象方式在过去也许是对的，但今天的情况已经不符合这个逻辑了。这种思维方式造成的扭曲在今天便突破了那个“度”。

封装式思维的政治外壳通常是民族主义，另一种思维尝试以激进的方式突破这个外壳，便走向了世界主义。民族主义和世界主义看似彼此对立，但有一个共性，就是它们都是基于抽象的理念而有意无意地遮蔽了现实。在这个意义上，我们甚至可以说，世界主义是一种“开放式的封装”。而在这两种抽象理念之间，还存在着一个广阔的实践世界。这个实践世界虽然是真实的，但很容易被那些抽象的理念遮蔽掉。现代国家的国民教育就是随着民族主义的普遍展开而逐渐形成的。[1] 因此，教育过程会强化这种或那种“封装”对于观念的塑造，以至人们的头脑里存在着理念与实践之间的隔阂，却不自知。在今天，随着政治秩序和经济秩序的日渐分离，理念和实践之间的隔阂也越发严重，我们越发需要一种观察世界以及构想未来秩序的新视角。[2]

本书的前几章仍是从宏观结构角度展开思考和观察的，尝试

1 关于国民教育与民族主义之间的关系，可参见［美］本尼迪克特·安德森：《想象的共同体：民族主义的起源与散布》，吴叡人译，上海人民出版社 2005 年版。
2 与林国荣教授的讨论，给了我很多启发。林国荣教授的相关思考可以参见他的待刊书稿《帝国、帝国主义与战争》。

从超越国家政治空间的角度来探讨问题。但要真正把封装式思维打开，还必须进入实践世界中，看看真实的经济空间是如何运作的。真正支撑经济世界运转的是商人，所以，我们对实践世界的观察必须要进入一种微观视角——观察商人秩序。这会帮助我们打开因封装而带来的盲区，揭示出以前注意不到的一些重要趋势。

回溯历史会发现，人类的秩序演化史长期以来都是两种秩序——商人秩序和政治秩序缠绕着共生发展的。政治秩序作为封装外壳遮蔽了商人秩序，成为唯一的显性秩序，仅仅是最近两三百年的事情。这期间商人秩序仍然在运作，只是不易被注意到，仅作为一种隐性秩序存在而已。技术和经济的演化很可能正吁求着商人秩序以一种润物细无声的方式突破封装外壳，重新浮现为显性秩序。

所以，本书对宏观结构的讨论暂时告一段落，接下来几章会转向对商人秩序的观察。尤其会以越南为例，尝试通过对在越南的中国商人秩序的观察，呈现出实践世界的真实逻辑。这个实践世界不被政治空间封装，而是以各种方式穿透我们习以为常的国界。就像中微子无时无刻不在穿透地球，我们却很少意识到一样。

要观察在越南的中国商人秩序，需要从两个层面入手：一是在越南的中国企业，二是在越南的中国人。这些身处实践世界一线的人，每天都要直面真实的问题。要回应这些问题，他们就必须不断把自己从封装式思维中强行拔出来。在这个过程中，他们会形成一系列在大众视野之外的隐性知识，构成我们畅想未来可能的商人秩序的基础。

第五章

全球化公司的正确姿势

— AQUA 是谁 —

在胡志明市的一家高档餐厅里，张守江拿出自己的名片，递给了一同来参加晚宴的人。

接到名片的中国人看着这个陌生的品牌名字，问他："AQUA 是做什么的？AQUA 是哪里的？你是中国人吗？"

接到名片的越南人说："你是 AQUA 的董事长呀！我家的冰箱、洗衣机都是 AQUA 的，非常好用，性价比很高，设计很先进。"

接到名片的韩国人说："你来自 AQUA 呀！我为三星做配套，他们很尊重你们，你们很强大。"

接到名片的日本人说："我知道 AQUA，这是中国品牌，松下就是你们的竞争者。我的公司与 AQUA 和松下都是合作伙伴，日本企业很重视与 AQUA 的竞争，拿 AQUA 当标杆来研究。"

张守江对我说到这段经历时，苦笑着摇了摇头。他是海尔

（越南）公司的董事长，但是海尔在这里有另外一个名字，就是AQUA，这个名字极少为中国人所知。截至2019年，AQUA只在三个国家做推广——日本、越南和印度尼西亚。

看到日本与越南、印度尼西亚并列，你可能会觉得很突兀，实际上，AQUA原本就是个日本品牌。2011年7月28日，中国海尔集团与日本三洋电机株式会社签署并购备忘录。海尔收购了三洋在日本、越南、印度尼西亚、菲律宾和马来西亚的白色家电业务，包括AQUA品牌。2012年1月，海尔集团旗下负责日本与东南亚业务的子公司“海尔亚洲”开始正式运营AQUA。从2012年至今，AQUA在越南已成为仅次于三星的高端白色家电品牌。

从海尔进入越南的时间点就能看出，它并不是因为贸易摩擦，而是出于全球市场战略布局的考虑。收购的方式可以帮助企业更快获得对于当地市场的理解，更快建立起渠道。目前，海尔在全球一共有122家工厂，其中54家设在海外；在全球一共有10大研发基地，其中8个设在海外——这些设置都是出于海尔全球化市场战略布局的考虑。实际上，不仅海尔如此，全球性的大企业一般都会有类似的考虑。它们拒绝被局势推着走，习惯主动从全球布局的角度来安排具体的生产与研发。中国的其他国际大企业也是一样的，比如这次我们在越南采访到的TCL[1]，它在1999年就

1 TCL集团为我们在越南的调研提供了非常多的帮助，但因时间所限，我们未能对TCL的越南案例也做出足够深度的调研，以致无法将它在海外的一系列非常有价值的努力呈现出来，甚为遗憾，希望以后能有机会弥补。

通过收购的方式进入越南。因此，对于大企业的这种布局，我们不能用生产基地“迁移”的概念来理解。

AQUA 在越南白色家电市场最主要的竞争对手就是三星。前文提过，三星这一家公司就占据了越南 GDP 及出口额的 1/4 左右。这当然存在一定隐患，但越南人似乎不觉得这有太大的问题，他们非常推崇三星的产品，因为他们对于日韩公司有着相对较高的信任度。这种信任度的背后是一种品牌力——在越南人眼里，日韩品牌代表的就是高质量。

海尔公司在越南使用 AQUA 而不是海尔这个品牌，与它对品牌力的理解有着深刻的关系——它看到了中国公司在品牌方面摔过的大跟头。

— 摩托车的滑铁卢 —

这个大跟头主要是中国的摩托车公司摔的。

越南是摩托车大国，全国有 9000 多万人口，几乎每两个人就有一辆摩托车。在巨大市场的诱惑下，中国摩托车于 1999 年强势进入越南市场。1998 年，越南摩托车市场几乎是日本品牌的天下——日本摩托车在越南的市场份额达到 98%；3 年后，中国品牌的摩托车后来居上，占领了越南 80% 的市场。

但是，第一的位置来得快，去得更快。2003 年，中国摩托车在越南的头把交椅就被日本摩托车抢回去了。之后，中国摩托车在越南全线败退，彻底失去和其他国家摩托车竞争的能力。根本原因就在于，“中国品牌”的摩托车失去了越南人的信任。品牌力一旦丧失，再想重建是非常困难的。

为什么中国摩托车的品牌力这么快就丧失了呢？一大原因是，中国摩托车进入越南之后，侧重的是价格竞争策略，而不是品牌竞争策略。

当时，越南市场上中国摩托车的平均价格比日本、韩国的摩托车普遍要低一半以上，在这种明显的价格差距下，中国摩托车当然就会迅速抢占市场。但是，这种策略在后来引发了恶果。

最初，只有少量中国摩托车品牌进入越南市场，它们与外国品牌打价格战的时候，竞争仍然维持在某种限度之内。所以，中国摩托车的质量仍是有所保证的，中国品牌在越南人眼中是一个物美价廉的好形象。但是，由于越来越多的中国摩托车企业涌入越南市场，价格战迅速升级。

中国企业彼此之间互相压价、恶性竞争，而越南渠道商为了自身利益，煽风点火、挑动价格战。越南市场上，中国摩托车的价格越卖越低，利润被摊得极为微薄。在这种情况下，企业若想维持经营，只能从产品质量上动脑筋。结果就是，中国摩托车的价格远低于日本摩托车，但使用寿命同样远短于日本摩托车。这个趋势愈演愈烈，中国摩托车的质量越来越低劣，引发了多起交通惨剧。最终，中国摩托车品牌在越南成为劣质、低价的代名词。

那些没有品牌力、只能拼价格的中国摩托车企业，很快就败退而去。可惜的是，那些原本有一定品牌力的中国摩托车企业，也在“中国品牌”这个帽子下，被越南人一并排斥。到今天还坚守在越南的中国摩托车企业在技术和质量方面是没有问题的，但越南人就是不买账。普通越南民众认为，骑中国产的摩托车是一件很没面子的事。

在中国摩托车企业的竞争压力下，日本本田在 2002 年开始推出相对便宜的摩托车，但并未牺牲品质。随着中国摩托车自毁长城，本田逐渐夺回阵地，重新占领了越南 80% 的摩托车市场，中国摩托车在越南的市场份额则跌落到不足 5%。今天还有一些中国摩托车企业坚守在越南，但它们主要是给其他国家的摩托车企业提供发动机——发动机的质量一流，生产商们都认账，但是整车仍然很难获得越南消费者的认可。

品牌力的影响蔓延到各种领域。韩国、日本品牌在越南人心里就等于高品质、高质量，而中国品牌的低质量形象，则泛化到越南人对各种中国产品的印象中。

一个国家的品牌形象是个系统工程，文化的传播则有着更加潜移默化的影响。

韩国品牌在越南的影响力无处不在。走在越南，随处可见三星的广告，市中心的地标建筑是乐天玛特的购物中心，街边遍布着新韩银行的 ATM（自动取款机），韩国餐馆更是隔几步就有一家。越南很多年轻人的打扮非常有韩国范儿，从越南电视上播放的综艺节目中也能看出韩国节目的影子。这些“韩风”的流行，得益于韩剧在越南的广泛传播。通过韩剧，韩国的一系列文化理念、价值理念、生活理念和品牌理念被越南人接受、追捧，反过来促成了韩国品牌在越南人心中的高端形象。

中国电视剧虽然在越南也挺流行，但是跟韩剧相比，有着类型上的差异。我访谈到的几个越南人——包括河内国家大学的年轻女教师MAI（梅），平阳省T公司的越南雇员Jenny，还有同奈省幸福中餐厅的老板娘、嫁给一位定居当地的中国人的前越南空姐武孝幸，都告诉我，越南流行的韩剧主要是现代爱情剧，比如《花样男子》《秘密花园》《继承者们》《来自星星的你》《太阳的后裔》等，每年至少有一部韩剧会在越南大火。而越南流行的中国电视剧则主要是历史古装剧，比如常播常新的《还珠格格》《西游记》《三国演义》《新白娘子传奇》等，再比如较新的《甄嬛传》《琅琊榜》《芈月传》《延禧攻略》《那年花开月正圆》等，个别的现代剧也会流行，比如《欢乐颂》。Jenny甚至进一步细分，指出韩国现代剧的主要观众群体是年轻人，中国历史剧的主要观众群体是中老年人。不过，武孝幸并不认为有这种代际差异。

无论有没有代际差异，我们都可以看到，中韩两种文化产品会在消费引导上带来差异。韩国的浪漫爱情剧讲述的都是现代故事，剧中演员和服装都很漂亮，这些可以直接转化为越南人对现实韩国及其文化风尚的想象。因此，韩剧对现实消费的拉动力非常强，进而会传导到韩国品牌在越南消费者心中的形象。中国历史剧虽然故事厚重、文化丰富，但是与现代生活有隔阂，无法转化为越南人对现实中国的想象，也就无法拉动现实的消费风尚。

越南人对于现实中国的想象，更多是通过国际政治获得的，但中国对其而言并不是一个特别友好的形象。这反过来会进一步降低中国品牌在越南人心中的亲和力。

— 为何 AQUA —

海尔在进入越南市场的时候，就面临这样一种现实处境。

一方面，中国品牌在越南不是高端的象征，如果强化自己的中国品牌身份，海尔在越南就很难发展到高端领域。另一方面，从国际政治角度来说，越南虽然意识到自己的发展离不开中国，但仍然会本能地担心自己被中国控制，所以对于中国人和中国品牌的印象都不是特别好。

所以，海尔作为一个国际大企业，在越南发展的一个核心战略就是品牌战略。但这是个需要缓慢摸索的过程。

海尔在刚刚收购三洋之际确定了双品牌的战略：5 年之内，同时运营海尔品牌和三洋品牌，同时在运营过程中培育三洋原有的一个产品系列子品牌 AQUA；5 年后，运营 AQUA 品牌和海尔品牌。管理上也要先依靠原有的日本管理团队，再慢慢过渡到中国的管理团队。由于涉及日本、中国、越南多方的管理机制和企业文化的调适，所以过渡进行得比较缓慢，到 2017 年，管理团队仍是日本人，产品在市面上也还是以三洋的面目出现。但意外的是，正因为过渡缓慢，反倒让海尔躲过了一些越南反华运动的冲击。

海尔在越南的管理团队观察到了这一系列过程，随即提出建议：调整原先的品牌过渡战略，将双品牌战略转型为 AQUA 战略，当地消费者对于 AQUA 有一定的认知，将其上升为主品牌的难度并不大。这个新方案很快就获得了董事会批准。又过了 3 年多，当年在总部作为越南项目的核心负责成员之一、曾参与决策将品牌转换到 AQUA 的张守江，来到越南担任 AQUA 的董事长。他继续推进这一品牌战略，淡化 AQUA 的国籍属性，让用户更多关注它的品牌属性和产品属性。

为了呈现品牌的高端定位，AQUA 在渠道上花了不少力气。AQUA 尽力确保在主要的渠道门店有自己的展示墙，并且跟三星的产品墙并列，这能给消费者留下深刻的印象——AQUA 是三星的主要竞争对手。同时，AQUA 还精心设计自己的广告视频，洗衣机的波轮被呈现得像宇宙飞船一样，充满了时尚感和科幻感。AQUA 在脸书上有几十万粉丝，它在主页上发布了这个广告视频。

这些努力最终收到了成效，AQUA 成功地被越南人接受为中高端品牌。张守江带我们去卖场切身感受了这一点。从越南最大的全国连锁电器卖场 Điện máy xanh（绿色电器），到乡镇的小卖场，都能看到 AQUA 陈列在比较显眼的位置。我们依照他的指点，比对了卖场里同样容量的各种品牌冰箱，发现 AQUA 的价格确实比其他品牌的更高，但略低于旁边陈列的三星的价格，不过，二者相差并不多。可以看出，AQUA 品牌的溢价效应已经很明显了。

参观完卖场，我问张守江："你什么时候会考虑把 AQUA 这个品牌改成海尔呢？"张守江笑了："海尔总部也问过我这个问题，我明确回复，我就没打算改成海尔，准备一直用 AQUA。除非到了某一天，我们在越南市场上占据了不可撼动的压倒性优势，我也许会考虑推出全新的海尔品牌。但那时候的海尔，一定要定位成更高端的成套智慧家电的品牌。"

这个答案让我意识到，我在提问的时候就已经进入了某种思维误区，本能地从中国本位的角度来思考问题，认为海尔才是这个企业应该有的标识。然而，对于一个真正国际化的大企业来说，不应从特殊的区域本位出发来思考问题，而应从全球战略的高度出发来形成并实施具体策略。

"海尔"是我作为一个中国人所熟悉的标识，但作为一个跨国企业，海尔不需要在全世界任何地方都以这个面目出现。因为全球化并不一定是把自己的唯一形象推向全球，成功的全球化反倒需要成功的本土化。否则，公司品牌可能会与当地的社会、文化产生非常多的排异反应，无法融入当地市场，最终导致全球化失败。

企业在经营中倘若执着于国家属性这种政治性，便会遮蔽掉本应聚焦的商业性。实际上，反观历史，政治性被提到前台，甚至在很多情况下被设定为第一优先排序，仅仅是最近这两三百年的事情，这是民族主义理念塑造出来的结果。在此前的历史上，政治与商业是有各自的领域的。两个领域虽会相互影响乃至相互博弈，但不会相互设定边界，处于一种“政治的归政治，商业的归商业”的状态。而民族主义的叙事中隐含着要以政治为其他领域设定边界的理念，也就是把各种领域都用“民族”这个意象给封装起来。可是，政治、经济、文化等领域的空间通常是不匹配的，由政治来设定各种边界、进行封装的尝试，会给诸领域带来很多不必要的摩擦。

在19世纪初民族主义初起之际，第一次工业革命尚未全面展开，各国的政治、经济、文化等空间还勉强有着大致的匹配性，所以民族主义的叙事还不会带来严重问题。但是到了19世纪后期，随着第二次工业革命的广泛展开，西方各国在经济上的相互依赖关系越发深入，但各国因民族主义狂热而在政治上越发尖锐对立，几种空间的不匹配性最终引发了一战。在一战后的凡尔赛会议上，经济学家凯恩斯发现，战胜国的列强还是仅仅从民族主义政治的角度出发来设置和约，甚为震惊。他迅速写了一本小册子，极力呼吁必须从全球经济空间的角度着眼，设置一种超越于民族主义之上的普遍秩序，否则必将带来下一次世界大战。[1]很可惜，凯恩斯的呼吁没有人听，而他的预言在20年后不幸应验。到二战行将结束，盟国开始规划战后秩序的时候，人们才想起凯恩斯在20年前的倡议，终于以其为基础设计了二战后的世界治理秩序方案。

在今天，第四次工业革命正在迅猛展开，技术、公司、产品、资源等一系列要素对于国界的穿透力前所未有地强，人员流动的程度也前所未有地高。在这种情况下，世界越发需要回归“政治的归政治，商业的归商业”的秩序逻辑上。

当然，今天的经济逻辑和工业革命以前的时代已经大不相同，政治和商业的内涵也与那个时候有了非常大的区别，两个领域的边界应该在哪里，没人能轻易地给出答案。但我们能够肯定的是，以政治来封装各种问题、统摄一切领域的观念，在今天比在历史上任何时候都更应该被超越。对大国更是如此，因为那些穿透国界的技术、公司、产品等，往往是在大国发展起来的；超越于政治，也符合大国的利益。

新的秩序逻辑很可能需要在各种新方案的提出中，在各种公

1 参见［英］约翰·梅纳德·凯恩斯：《和约的经济后果》，张军、贾晓屹译，华夏出版社2008年版。

司的活动中，乃至在各国的各种博弈中，逐渐被磨合出来。真实的博弈过程，很可能是要由公司作为前台选手来完成的，政治则仅应处在后方呼应、支持的位置上。如果政治试图越俎代庖，是无法带来有益的结果的。因为现代秩序中最有活力的空间已经是由公司来主导，而不是由政治来主导了。

— 越是全球化就越要本土化 —

从卖场回来后，张守江请我们在 AQUA 的公司食堂吃午饭。他还邀来一位越南同事与我们餐叙。

这个人高鼻深目，穿着一身合体的黑色西装，头发打理得一丝不苟，整个人干净体面——他是 AQUA 公司的人力资源总监阮宫水。他操着一口印度口音的英语，我听起来颇为吃力。虽然这口音和他的外貌很搭，但他是个如假包换的越南人。聊了一会儿，我便知道了他的口音来源。他在法国接受大学教育，又在新加坡、马来西亚工作过很多年，我应该是把他的新马口音当成印度口音了。阮宫水在日企有过很丰富的工作经历，后来被 AQUA 挖了过来。越南、法国、新加坡、马来西亚、日本、中国，阮宫水集多元背景于一身，与 AQUA 这家追求本土化的全球化公司的多元特质颇为类似。

本土化需要对本土有真正的理解。对 AQUA 来说，首先要做到管理层和制度设计上的本土化。

AQUA 在越南对管理层的人员配置是，除了最核心部门的负责人由中国人担任之外，其他部门的负责人都采用“1+1”策略——一个中国人与一个越南人共同作为部门负责人。

之所以要有一个中国人，是为了更好地传递总部的战略。之所以需要一个越南人，是因为中国的管理人员不懂当地的文化和市场。仅靠中国管理人员是无法实现品牌本土化的，必须得有一个当地人站在同样层次的管理位置上，提供另一种视野。

我们在 AQUA 调研时，张守江特意请来研发部门的越方负责人 Thông（聪），让他给我们讲讲越南市场的特性。Thông 告诉我们：越南南方人的储蓄率很低，北方人则高得多，中部人是能省则省，能储蓄多少就储蓄多少；北方人受欧洲影响大，因此喜欢用滚筒洗衣机，南方人受美国影响大，因此喜欢用波轮洗衣机……这一系列本土化知识，外来人只能观察到外观，当地人才能说清内在的机理。因此，要想真正落实本土化策略，必须有当地人的参与。

目前，AQUA 在人力资源上的本土化程度已经很深了。整个公司从上到下共 1600 多人，其中只有 10 个中国人和 2 个日本人，剩下的全是越南人。

海尔不仅在越南使用“1+1”策略，在其他海尔设厂的发展中国家也是如此。

海尔集团一方面向越南输出管理能力，一方面又从三洋那里学习到大量日本企业的技术和管理经验。而且，三洋的并购案为海尔之后收购新西兰的斐雪派克、美国的通用家电、欧洲的Candy等奠定了基础。张守江说，并购三洋之后，海尔不仅获得了三洋在东南亚的市场渠道，还获得了三洋的技术资产。这些技术资产在海尔得到了很好的传承和融合，更在全球被大规模推广应用。三洋管理体系中十分重视质量和设计细节的特质，也被海尔吸收，这大大提升了海尔内部质量控制和产品精细化程度的水平。而这一切都离不开海尔集团从三洋吸收的优秀的人力资源，包括市场团队和研发团队。

但是，影响并不是单向的，AQUA也对三洋在越南的管理模式进行了一系列改造。

三洋看重的是企业技术的先进性，强调技术中心导向，三洋越南分公司会以日本本土最先进的技术作为企业行为的参照系。并且，三洋秉承日本的文化传统，强调“团队第一”。三洋的“团队第一”模式能够形成强大的内聚力与研发力，但是对于市场、用户关注不足，这导致它虽然拥有一流的产品技术，却长期亏损。在海尔集团进行并购前，三洋已经连续亏损了8年。

AQUA则强调“用户导向的员工价值导向”，也就是说，要做到员工和用户的价值合一——员工努力工作创造用户价值，同时能够实现自身的价值。这样一种理念源自海尔总部，被称为“人单合一”，其中的“人”是指公司员工，“单”是指用户价值。海尔会从组织、薪酬、品牌这三个方面来落实这一管理模式。

海尔用了近一年的时间改变三洋的企业管理文化，让日本员工接受“人单合一”的理念。在磨合过程中发生了一件有趣的事情，就是海尔也接受了三洋的团队精神，但是海尔告诉三洋的员工，“人单合一”就是把团队精神的方向从上级变成用户。

可以说，AQUA 在越南的成功，离不开这一系列因素的共同作用。

管理模式的创新、改造、本土化，最终还是要落实在产品上。海尔在淡化品牌的国籍属性、推出 AQUA 品牌的同时，还在品牌属性中注入“越南制造”的理念。这是个很敏锐的本土化策略。我们在越南街头随处可见一些小店，招牌上只写着大大的“Made in Vietnam”（“越南制造”），走进去一看，卖的都是很普通的日常用品、服装鞋帽。可见，越南人对“越南制造”似乎有些情结。AQUA 的这种努力也是颇为成功的。

越南的家电、电子产品的市场渠道还有个很少见的特性，就是超强的垄断性。我们采访到的海尔、TCL、美的等公司的越南分公司负责人都讲到了这一点。一般来说，如果某个渠道商占据了市场 25% 的份额，就已经有垄断效应了，渠道商会对生产商有巨大的议价能力。而越南最大的渠道商 Điện máy xanh，占据了 40% 以上的市场份额。这会带来一系列效应。一方面，Điện máy xanh 塑造了越南人对于电子产品的消费习惯。这一点是怎么回事呢？Điện máy xanh 为了确保利润，会不断地要求生产商推出新品。由于渠道具有垄断性，生产商就不得不配合。结果是，越南市场上家电和电子产品的迭代率、越南消费者对于新品的热情程度，在整个东南亚都是独一无二的。另一方面，由于 Điện máy xanh 对风尚具有引领性，如果一个品牌的产品能够被摆在它的货架上，甚至获得一个不错的展位，那就相当于获得了品质认证。AQUA 不仅成功地挤入了这个渠道，还把自己的洗衣机广告做得充满科幻感，以便体现自己是新科技、新产品，这都是针对越南这种市场特性的本土化努力。

在此基础上，AQUA 会进一步发现并满足本土用户的各种特性化需求。比如，AQUA 在市场调研中发现，越南的自来水水压比较低，以致很多居民需要自己在屋顶上安装一个水箱，而越南农村自来水的水压比城市的还要低。低水压会导致普通的自动化洗衣机没法正常工作。于是，AQUA 专门设计了一款低压洗衣机。再比如，越南天气潮湿闷热，出一趟门衣服就会被汗浸透，所以越南人每天都得洗衣服，但衣服实际上并不脏。于是，AQUA 修改了自动洗衣程序，增加了 15 分钟洗衣的功能。AQUA 还发现，同款空调，在中国运转得非常好，在越南却经常出现故障，尤其是外机箱电脑板烧毁的比率特别高。调研后发现，这是因为越南壁虎太多，壁虎经常会通过外机箱的网格爬进去，引起空调短路。

于是，AQUA 重新设计了外机箱网格，以达到阻拦壁虎的效果。

越南地处热带，但它的家电产品生产商主要来自温带国家。气候的差异令生产商很难想象到越南当地人会有什么特殊的需求，也就难以做出有针对性的产品开发。而要满足这些需求，并不需要什么高科技，只需要一种特殊的市场敏感性以及信息收集系统。

张守江很得意地告诉我们，经常是 AQUA 先推出能够击中用户特定痛点的新产品，而对手要在 6 个月后才能跟上。我很奇怪，很多家电企业肯定也能意识到本土化的必要性，为什么 AQUA 能保持领先呢？

张守江更得意地说：“我再带你们看个地方。”

— 电话中心 —

张守江带我们来到厂区的另一栋办公楼。推开一扇很大的办公室门后，我们看到里面密密麻麻地坐了几十个接线员，他们正低声接着电话。在所有接线员前方有几块大屏幕，里面实时滚动着电话的接入和拨出情况。原来，这是 AQUA 的电话中心。

AQUA 在越南只设有这一个电话中心，统一管理所有售后问题。AQUA 的售后服务网点遍布全越南，其中只有少量是自建的，大部分是加盟的。不过，所有加盟的服务网点都要由 AQUA 进行统一培训和管理，AQUA 不是外包出去就撒手不管了。

这种管理机制是在实际的运营过程中调整出来的。以前，AQUA 的售后服务网点也是外包的，产品出了什么问题，用户直接联系网点上门维修。但是这样做有两个问题：一是售后服务的反应速度和质量，无法有统一的保证；二是售后服务要解决的究竟都是什么问题，AQUA 并不能掌握。

张守江在上任之后，就着手建立了这个电话中心，并改变了管理规则。他先把外包的售后服务网点都改为加盟店进行统一管理，要求加盟店接到报修电话后不能自行安排维修事宜，而是要转到越南总部的电话中心来，由电话中心统一安排。加盟的售后服务店接到派单后，维修员在 24 小时内上门，会有一个基本报酬，如果能提前上门，则会获得额外奖金——奖金金额按照提前程度累进计算。这种激励机制，让售后服务的反应速度和质量都有了保障。而所有报修问题都统一汇总到电话中心，电话中心就成了大数据中心，AQUA 可以进行数据挖掘和分析。张守江进一步要求，任何新品上市之后接到的第一个报修电话反映的问题，一定要告诉他，确保他自己对新品出现的问题有第一手的把握。

AQUA 通过分析电话中心获得的数据，不断提炼出各种对越南而言具有共性、对全球而言又具有越南特性的问题。电话中心就此成了本土化需求的挖掘中心。海尔集团有一个强大的全球研发体系，各个地方的特殊需求都会汇集到它在全球设立的几大研发中心；研发中心又可以从全球调集资源，合力设计出一系列满足特殊需求的本土化产品。对于海尔集团而言，本土化和全球化其实是一体两面，是它必须同时具备的两种能力，这样它才能真正成为全球性的大企业。

而这些满足本土化需求的产品，其生产过程是在一个跨国的供应链网络中完成的，中国在其中仍占据主导地位。以 AQUA 在越南生产的冰箱为例。生产冰箱需要一些只服务于专门用途的标准化产品，但越南的市场规模不足以支撑这些产品的生产。比如，越南的玻璃厂主要制作建筑用玻璃，不生产家电玻璃，因为市场需求支撑不了产能布局，这些玻璃就得从中国进口。再比如，从中国进口的线束加了 10% 的关税后，还是比越南当地产的便宜，因为线束里要用到铜线，中国在这块具备成本优势。冰箱用的电脑板倒是有一家日本企业在越南生产，但生产需要的元器件都来自中国和日本，越南只负责完成电脑板的组装环节。最终，AQUA 冰箱的材料总成本构成是这样的：从中国进口采购的占 60%，主要是压缩机、风机等电器、线束部件和部分蒸发器制冷系统；另有 10% 来自泰国、沙特阿拉伯、日本等；还有 30% 是来自越南当地的塑料和钣金件。

AQUA 在本土化方面所做的一系列努力，是中国的全球性大企业走出去的典型。但我们必须调整观察问题时的着眼点——不是“中国大企业”走出去，而是“全球大企业”面向世界布局，只不过刚好这个全球大企业的总部在中国而已。

海尔作为大企业，在经济空间中穿透政治空间的各种现实实践提醒着我们，在思考经济问题时必须要时时反思，不能被封装式思维困住。

在反思中，我们旋即就会想到：企业是法人体，它实际上也是一种基于法律而被构造出来的“想象的共同体”，而在经济空间中活动的更加真实的主体是一个个具体的人。没有人的活动，企业就只是个观念而已。

这些人在穿透国界、进入其他国家之后，虽然会被现实环境强行打破自己的封装式思维，但是要面对异国人士的封装式思维。这一系列处境会让他们脱离自己熟悉的意义空间，而要想进入新的意义空间却并不容易。他们会被迫面临各种身份困境，要在文化差异的冲击中努力调适应对，也会在此过程中发展出各种隐性知识。

未来的商人秩序，会是在“人”的活动过程中演化出来的，对商人秩序的思考，显然必须有“人”的视角。这种视角恰恰是被封装式思维遮蔽掉的，也是我们在今天必须重新打开的。

像张守江这样的国际大企业海外部门高管，当然是“具体的人”中的一部分。但在越南的调研中，我们还注意到一个此前在国内极少有人关注的群体——“中国干部”。他们的出身是，各种赴越投资的企业——日资、韩资、美资、港资的企业皆有，但尤以台资为多，从中国大陆聘用过来的中、高层管理人员。若干年前来到越南的中国干部，有些回国了，有些则长期留在了越南；今天仍在越南的（前）中国干部，身份可能多种多样，有可能仍然在做高级打工者，有可能已经自己创业当老板了。

他们不像张守江那样，因依托国际大企业而引人注目，而是以另外一种方式默默撑开了一种此前我们所不知道的经济和社会空间。我们在这个群体中了解到太多有趣而又感人的故事，从这个群体中发现了真实的实践世界极为灵动活泼、富有生气的一面，更在企业之外，从“人”的角度看到了商人秩序的另一种微观基础。

第六章

『中国干部』的故事

— 意外发现 —

往来的大货车行驶在省道颠簸的路面上，掀起层层尘土。川流不息的摩托车，发出阵阵的马达轰鸣声。我们坐在紧邻省道的奶茶店里，彼此间得大声喊着对话。一个面相朴实又透着沧桑的男人从柜台后面端出几杯亲手做的奶茶，坐到我们对面说：“尝尝这个，这是我店里最受欢迎的产品。”就是这间位于越南南部同奈省的净圆奶茶店，带出了我在越南调研中的一个意外发现，并让我收获了最多的感动。

这个意外发现，源自我们对胡志明市福建商会的龚会长和沈秘书长的采访。两位对我们讲了很多他们在越南的有趣经历，让我们收获良多。我们又继续聊到了商会所在的这个地方——胡志明市平新郡（郡相当于中国的区）。他们说，这个地方相当于在越新侨的中国城。我们很好奇，既然有“新侨”，那就会有“老侨”，二者是怎么区分的呢？答案是：在 1975 年南北越统一之前来到越南，并已经获得越南国籍的，属于老侨，他们主要聚居在胡志明市第五郡和第十一郡；在中国改革开放之后来的，则属于新侨，在胡志明市，有一定数量的新侨聚居在平新郡。

“为什么平新郡会聚集这么多新侨？”

“因为宝元鞋厂在这里，这里有大量的‘中干’。”

“什么叫‘中干’？”

“就是‘中国干部’的简称。”

“中国干部？中国的行政官员跑过来了？”

“不是的。你可能不知道，甭管是什么资的企业，只要是从大陆迁来越南建厂的，管理层里多半都是从中国大陆带过来的中国人。当然，这里最主要的是台资企业。他们管这些中国大陆来的管理人员叫‘陆干’，‘陆干’们则自称‘中干’。”

“那能有几个人啊！为什么会聚集了这么多新侨？”

“几个人？你太小瞧‘中干’了。就说宝元鞋厂吧，它是台湾宝成集团的下属企业，是目前世界上最大的代工厂，耐克、阿迪达斯在越南都是靠它代工的。宝元鞋厂在越南有好几个厂区，光是胡志明市这边的厂区就雇用了 9 万多名越南工人，在巅峰时期还雇用了几千名中国干部！”

“啊？这么多！为什么不用越南本地人来管理呢？”

“越南人的管理能力和技术水平都跟不上，从中国台湾调人又太贵。而这些中国干部都是宝成集团在东莞设厂的时候培养出来的熟练工人和成熟管理者，既对鞋厂的管理流程熟门熟路，又比中国台湾干部便宜很多，是性价比最高的一群人。而且，这些中国干部在这边工作几年，逐渐把人头、地头混熟了以后，很多会出来自己创业建厂，给宝元做供应商。”

“那宝元不就拉动起了一大批中国干部建立的企业？”

“是啊，拉动起 1000 多家吧，其中绝大部分是曾经的中国干部建立的。”

“数量竟然这么庞大？！那么，宝元所需的供应链差不多都可以实现本地化采购了吧？而且，这些供应链还是掌握在曾经的中国干部、现在的中国老板手里的。”

“是的，宝元基本上从本地采购就行了。这 1000 多家前中国干部建立的企业，又雇用了大量越南工人，为当地提供了不少就业岗位。”

“那么，等到这些越南工人逐渐发展起来了，他们也会自己出来当老板，直接给宝元供货。那时候，可就没这些中国干部的事儿了。就像当年台资企业到大陆设厂，培养起一大批大陆的熟练工人和管理者，之后这些人又出来自己建厂，逐渐替代了台资厂一样。”

“不一样的，越南人替代不掉中国干部的工厂。给宝元做供应商的厂子也需要自己的供应商，需要采购上游的原材料、零部件。

可越南根本没有那些原材料、零部件，只能到中国去采购。越南人要去中国采购的话，他们在渠道这方面就肯定没有中国干部有优势。所以，中国干部的工厂是无法被替代的。”

“只有鞋厂是这样的吗？”

“不，各个行业都是这样。服装鞋帽、家具这两个行业的中国干部最多，电子业等也有不少中国干部。”

“那中国干部的规模能有多大呢？”

“几十万人总是有的。”

这个故事让我们大吃一惊。中国干部群体不就是我们在苦苦寻找的，衔接起中国供应链与越南组装环节的微观载体吗？可这样重要的群体居然极少为国人所知，在国内的各种讨论中也很少有人关注到他们。

不过，在阅读了一些文献后，我才意识到是自己孤陋寡闻了。实际上，台湾学者已经关注这个问题十几年了，并在这方面做过很多研究，因为规模最大的中国干部是由在东南亚投资的台资企业雇用的。他们注意到，东南亚的台资企业最欠缺的是中间层的行政与技术管理人员。这一层的管理职位在泰国、越南以及印度尼西亚主要由中国干部担任，在马来西亚则主要由有中国台湾留学背景的当地华人担任。[1]不过，台湾学者更多的是从台湾企业的

1 龚宜君：《出路：台商在东南亚的社会形构》，“中央研究院”人文社会科学研究中心亚太区域研究专题中心2005年版，第116、119页。台湾学者龚宜君、王宏仁、郑志鹏、郑陆霖等人从台资企业的视角出发，研究过很多关于中国干部的问题，他们的研究让我受益良多。

视角入手进行研究，从中国干部的视角切入得相对有限。

我们直觉上就意识到，关于中国干部一定会有很多精彩的故事，需要深入挖掘。于是，我们开始了新的调研。

— 冷战背景与中国干部的来源 —

大部分中国干部是从台资企业中发展起来的，那么，二者之间的故事是怎么开始的呢？在后续的访谈过程中，我们见到了曾在东莞裕元集团供职，后在宝成集团的东南亚工厂有过多年管理经验的 C 先生，他给我们讲了他在裕元的故事。他的讲述为我们揭开了台湾企业与中国干部故事的一角。

在第四章里我曾经提到过 C 先生，他在 1989 年大学毕业后没能进入心仪的工作单位，不得已去了刚刚成立的裕元公司。裕元的母公司宝成集团 1969 年成立于台湾，一开始主要生产编织鞋、凉鞋和拖鞋。20 世纪 70 年代初，宝成成为台湾拖鞋大王。宝成的成长过程正好伴随着台湾制鞋业的高速增长。1976 年，台湾一跃成为全球最大的鞋类出口地。但拖鞋的利润率太低了，宝成便努力升级产品线。它从 1978 年开始生产运动鞋，1979 年抓住了为阿迪达斯做代工的机会，快速发展起来；到 1983 年，宝成又由 OEM 转型为 ODM。但是，随着劳动力成本的逐渐上涨，台湾鞋业开始遇到压力。雪上加霜的是，为了平衡对美国的大幅出超，台湾当局在 1987 年决定让新台币对美元升值，汇率一年之内由 40∶1 降至 28∶1，台湾鞋业出口的压力更大了。所以，台湾鞋厂纷纷把目光投向岛外。当时，它们关注的地区有东南亚和正在开放吸引外资的大陆。宝成先是来到大陆，于 1988 年在珠海成立裕元集团，1989 年开始投产。同年，宝成又拿到了耐克的代工合同，生产规模继续高速扩张。到 1990 年，大陆取代台湾成为全球最大的鞋类出口地，但大陆最主要的出口鞋厂都是迁移过来的台资企业。

宝成在台湾已经有了比较成体系、规范化的企业管理制度，这也是它能够拿到国际大品牌代工订单的前提。但是，宝成到了大陆后发现，原来那套管理制度不敷使用了。这主要有三点原因。一是宝成来到大陆之后，发展的速度非常快，企业规模急速膨胀，原有的制度不能适应这种大规模企业的管理需要，宝成必须做进一步的调整细化。其实，这不仅仅是宝成面临的问题，很多台资企业“出海”后都会面临这种问题。台湾学者注意到，台湾的劳动密集型代工企业之所以具有全球竞争力，就在于它进行跨区域布局后的规模化效应——很多原本在台湾只有几十名工人的工厂，跨区域布局后，都发展成了有数百或数千名工人，甚至规模更大的生产组织。生产过程的大型化与生产组织在空间和组织上的片段化，都要求原有的管理模式必须进行演化升级。[1]二是由于各种历史原因，台湾和大陆在文化方面有一定的差异，在台湾行之有效的管理方式在大陆未必适用，必须做一定的文化调适。但是，裕元的台湾管理层并未找到恰当的调适办法。三是当时大陆的条件相对艰苦一些，宝成总部很多人不愿意来大陆工作。再加上当时宝成只把工厂迁到大陆，研发、市场等部门仍被保留在台湾。所以，来到大陆的台湾管理者并非公司内部的一线人才，而是二线、三线人才，他们并不清楚如何在裕元适应性地执行宝成的管理制度。

结果在裕元内部就形成了一种人员配置上的张力结构。进厂的大陆雇员，除了一线工人外，还有一批 overqualified 大学毕业生。后面这群人即使放在大陆这么大规模的人口中也属于一线人才，而来自总部的台湾管理层却并非台湾的一线人才。

这样一种张力结构，又碰上了不敷使用的裕元（宝成）管理制度，这些大学生雇员就有了施展拳脚之地。他们学习了来自裕元（宝成）的管理制度，又基于大陆的状况对这些制度做了一系列文化调适，并在实践中摸索出了将制度细化落地的办法，以适应更大规模工厂的管理，使裕元的管理能力在这一过程中获得提升。

1　龚宜君：《出路：台商在东南亚的社会形构》，“中央研究院”人文社会科学研究中心亚太区域研究专题中心 2005 年版，第 114—115 页。

我们还采访到C先生以前在裕元的同事H先生，他告诉我们：“在管理方面，我们学到很多。台商很务实，有非常规范化的管理、制度和流程，对于产品非常重视……要把产品做好是很复杂的，涉及供应链的管理、技术研发、设计、生产流程、质量把控、员工的管理、干部和员工的训练、老板的亲力亲为，等等，很不容易。但是，台资工厂的管理比较军事化，人性化不足，我们就创立了企业内部刊物来沟通人心。我们还和台湾干部一起推动了很多制度建设，比如，细化了标准化的制度建设，改进了报表系统，推动了企业管理的信息技术化，等等。企业内部还会发生很多冲突，比如，大陆的员工之间，基层干部与老板、台湾干部之间会有很多冲突，我们就去调解。”

除了C先生、H先生这种较为高层的大陆干部，还有更多的一线工人也在这个过程中逐渐成长起来。这些大陆雇员与裕元公司构成了一种相互成就、共同成长的关系。台企向大陆进行的管理能力输出，并不是一个单方向输出的过程，而是一个双向互动、共同成长的过程。大陆员工填充了裕元低、中、高各阶层的管理岗位，同时，裕元培养出大批的熟练工人，制鞋业的“黄埔军校”就这么生长起来了。

这个过程中，台湾企业是大陆的廉价劳动力与美国品牌，进而是全球市场之间至关重要的连接点。进一步挖掘历史逻辑，我们会发现，台湾企业的这种连接能力与冷战的大背景相关，进而与东亚近代史的背景相关。在这个背景下，美国—日本—中国台湾地区—东南亚/中国大陆之间形成了一个层层递进的经济拉动关系。等到中国大陆的经济起飞，又开始反向塑造之前的梯级性拉动关系。接下来，我就具体介绍下这个复杂的发展过程。

在二战刚刚结束之际，美国的规划是把日本彻底变回农业国，让它不再有策动战争的能力。改造日本的计划正在推行过程中，冷战开始了，共产主义革命在中国大陆取得胜利，二战后的全球均衡被打破了。美国马上重新设定日本的国际定位，把日本作为美国在东亚的关键盟友。然后，美国以日本为枢纽，打造起一个环西太平洋的海岛国家经济群，从经济层面确保美国在冷战中的有效布局。因此，美国需要让日本的经济复兴。

刚好，朝鲜战争带来了契机，日本的工业经济重新崛起。日本又在美国的支持下对东南亚进行赔款、援助、贸易、投资等。这一系列手段消除了东南亚对日本的抵触情绪，同时让日本的低端产能有了转移方向。由此，形成了著名的“雁阵模式”。这个模式是，日本作为头雁，逐渐把自己陷入比较劣势的产业向周边国家和地区转移——把对技术要求较高的中端产业转移到“亚洲四小龙”国家和地区，把对技术要求较低的低端产业转移到东南亚，自己则聚焦在高端产业上。整个雁阵经济又与美国在东亚－东南亚的军事援助相结合，打造出一个政治－经济－军事全方位联动的同盟关系，这种同盟关系构成了冷战时期美国主导的东亚秩序的基础架构。

台湾在经济上的独特地位就在这个国际政治 - 经济结构中浮现出来。日本有对外进行产业转移的需求，就到中国台湾建了很多厂，成为中国台湾最大的外资来源地；而中国台湾的近代历史与日本有着太多关联，二者在文化沟通上相对顺畅，台湾人就从这些日资企业中学到了管理和技术。之后，这些台湾人自己出来创业。冷战环境又为他们提供了一个非常有利的大背景——西方国家愿意向中国台湾充分敞开市场。这让台湾企业家的自主创业有了最初发展的基础。台湾逐渐以自己的代工能力发展为制造业高端环节与最终市场之间的中介性存在。20 世纪 60—80 年代，奉行出口导向政策的中国台湾经济，一直保持着对日本的巨大贸易逆差与对美国的巨大贸易顺差。

台湾的高速发展令当地的人力成本逐渐上升，加上 20 世纪 80 年代后期新台币相对美元大幅升值，台湾企业家便有了走出去的需求，希望找到更大的经济腹地，把低端的生产环节投放过去，把高端的关键生产环节保留在自己手里即可。台湾当局的经济政策也在这个过程中日益开放。1983 年，放宽了进出口与投资限制；1987 年，实施新“外汇条例”，台湾人可以自由持有及运用外汇；1989 年，允许民间设立新银行，推动公营企业民营化、自由化与国际化。于是，20 世纪 80 年代后期，台湾企业开始到东南亚以及中国大陆投资建厂，并获得了巨大成功。尤其是在大陆，廉价的高素质劳动力结合台湾的管理与技术，再通过台湾企业对接美国市场，这一切让大陆和台湾都获得了巨大的成长机会。大陆的经济奇迹多了一个重要的拉动力，台湾则“钱多淹脚目”。

梳理一下这段历史，我们会发现一个政治、经济、文化缠绕在一起的演化与传递过程。冷战的展开，加上中国发生了政权更迭，令美国决意发展日本，通过日本拉动周边的国家和地区作为辅翼，而日本与周边国家和地区在近代史上的一系列深刻关联，提升了这种拉动效应；台湾经济在此过程中崛起，又拉动了大陆的经济成长。

整个传递过程背后总的动力机制，来自美国对冷战的政治意志，以及美国向东亚雁阵敞开的巨大市场。冷战在中国大陆与美国主导的东亚秩序之间形成了巨大的政治隔离，但正是因为这种隔离，东亚铁幕两边形成了巨大的势能差。一旦铁幕两边的政治意志都发生改变，决意合作，并开始发生经济互动，巨大的势能差便会让中国大陆庞大的 overqualified 群体进入世界经济体系中，中国的经济奇迹遂渐次展开。冷战史、东亚史、政治意志、经济成长，各种因素紧紧缠绕，都无法被单独理解，它们合在一起，上演了一场东亚当代历史上轰轰烈烈的大戏。

如果我们把目光聚焦在一些具体的企业上面，会发现更深层、更有趣的经济逻辑。以耐克公司为例，它和我们所谈的鞋厂之间有着各种深刻关联。耐克公司的前身是两个美国人在 1964 年建立的“蓝带体育公司”（以下简称“蓝带公司”）。蓝带公司主要代理日本品牌运动鞋“鬼冢虎”在美国的销售，还基于对美国市场的理解，主动帮鬼冢虎设计产品。虽然蓝带公司帮鬼冢虎打开了美国市场，但发展速度达不到日方的期望。1971 年，鬼冢虎考虑绕开蓝带公司，换一家更有实力的销售代理公司来深耕美国市场。蓝带公司的两位创始人一气之下，决定创立自己的品牌，于 1972 年注册了耐克公司。因为他们以前只做销售和设计，并没有生产能力，就把生产外包给日本的代工厂。之后，由于日本人工成本上升，日元不断升值，1975 年起，耐克开始把代工任务转移到韩国和中国台湾地区的工厂。到 20 世纪 80 年代初，90% 的耐克鞋是由韩国和中国台湾地区的工厂生产的。

实际上，耐克在当时考虑过到人工成本更低的中国大陆设厂。1980 年，耐克与天津的一家国营鞋厂合作，请其代工。但是，这家鞋厂的管理能力和生产水平完全达不到耐克的要求。耐克做了各种努力后仍无济于事，只好在 1985 年终止合作。直到 20 世纪 80 年代末，台湾的鞋厂到大陆设厂，耐克的订单才跟着再次回到大陆，并且生产规模迅速扩大。

耐克订单两次进入大陆的效果大不一样，这是为什么呢？有学者认为，最重要的原因在于：第一次，是耐克直接与国企合作；

第二次则是通过台资与大陆的地方乡镇企业、地方政府合作。这两种合作模式下，外资厂商、政府、大陆合作工厂、工人这几方的博弈关系是大不一样的。对国企来说，即便丢了耐克的订单，企业的生存也不会出现什么问题，国企管理层的利益更不会受到损害。所以，国企不愿意改变自己来适应耐克，甚至会与工人联手抵制耐克的一些品控要求。而耐克对大陆文化很陌生，不知道该如何应对。但地方的财政逻辑大不一样，对与台资企业合作的乡镇企业和地方政府官员来说，如果把耐克的订单丢了，就会面临巨大的经济损失。所以，他们会尽力满足外资企业的要求。加上台湾企业对大陆文化较为熟悉，懂得如何进行一系列的润滑工作，这种合作就进行得较为顺畅。这就是为什么耐克的订单从日本转向韩国、中国台湾地区，可以完全绕过日本代工厂，自己直接与韩国、中国台湾生产厂商打交道，但是耐克订单再从台湾转向大陆时，却必须和台商一起转，单凭自己很难做到。[1] 对这个过程的观察，可以让我们对台湾企业与大陆经济共生高速成长的历程，以及大陆内部各种类型企业的演化逻辑，获得更多侧面的理解。

随着裕元在大陆的成长，一些更加有趣的逻辑展开了。裕元

1 郑志鹏：《市场政治：中国出口导向制鞋产业的历史形构与转变》，《台湾社会学》第 15 期（2008 年第 1 期）。

的大客户都是国际品牌，对这些国际品牌来说，如果其 50% 以上的产能都分布在同一个国家，就面临很大的风险——万一这个国家在政治或国际贸易环境中遭遇什么变故，品牌商可就吃不消了。所以，品牌商对宝成提出要求，一定要在中国大陆以外的地区再设工厂。于是，宝成把目光投向了东南亚。当时，有两个备选项——越南和印度尼西亚。但越南也是个共产党执政的国家，宝成不想把工厂都布局在具有同样意识形态的国家，以免遇到意料外的风险，所以于 1991 年先在印度尼西亚投资设厂，1992 年投产。

宝成一开始的打算是，复制在中国大陆成功的过程，尝试培训印度尼西亚干部以及马来西亚干部，让他们管理工厂。但是，工厂始终无法步上正轨。这种状况持续了两年之后，宝成被迫从裕元调大陆干部过来管理，工厂很快就步入正轨，开始赢利。

这种戏剧性的变化背后有一系列原因。

第一，宝成能在中国大陆获得成功，是因为中国大陆有一个 overqualified 群体，能找到办法将宝成的管理制度转化成落地的规则，从而适应庞大工厂的管理需求。而印度尼西亚并没有这种红利。

第二，台湾干部无法把大陆干部在裕元发展出的管理细则照搬到东南亚，教给印度尼西亚干部。这是因为那些管理细则是在裕元与大陆员工的文化调适过程中逐渐演化出来的，成文的细则只是调适的结果，进行文化调适的能力才是推动细则演化的关键。而拥有文化调适能力的前提，是管理者面对被管理者时有进行换位思考的能力，这恰恰是大陆干部的长处所在。这其中有很多的“隐性知识”，只在大陆干部的头脑里有，而台湾干部的头脑里没有。因为台湾干部一到大陆就是管理者的身份，而大陆干部是从被管理者成长起来的，后者在海外能够相对容易地做到换位思考，进而针对当地的特性进行文化调适，在与当地人的互动中演化出新的行之有效的管理办法，台湾干部则很难做到这点。

第三，台湾企业在大陆设厂，没有语言方面的问题，在印度尼西亚却不一样。台湾干部多半不会当地语言，事事都靠翻译，管理上就会出现很多问题。那为什么在印度尼西亚的大陆干部能克服这个问题呢？因为这些大陆干部比同厂的台湾干部普遍年轻15～20岁。年近知天命的台湾干部，学习当地语言的动力严重不足，年轻的大陆干部则多半能较快地学会当地语言。

有了在印度尼西亚的经验，宝成于1994年在越南设立宝元工厂的时候，一开始就调集了很多大陆干部过来进行管理，越南工厂便很快获得了成功。而中国干部在越南的故事也就此开始了。

在中国干部故事的起点时段，东亚的经济结构还是雁阵模式，但那已经是雁阵模式行将解体的时候了。因为雁阵模式要想持续存在的话，需要两个条件：一个是冷战作为推动经济发展的政治发动机一直存在；另一个是日本在这个雁阵中能始终保持相对于其他雁阵国家的产业优势。但是20世纪90年代，这两个条件逐渐都不存在了。

首先，冷战结束了，雁阵模式的政治发动机就没了。其次，随着“亚洲四小龙”的成长，日本对于雁阵国家的产业优势不再明显，日本作为头雁的拉动效应也大幅下降。更为重要的是，到20世纪90年代，中国发展起来了，这带来了前所未有的一个要素，就是中国的超大规模性。此前的任何一个雁阵国家，体量都不大，即便出现了经济奇迹，也无法在实质上冲散雁阵结构，只能助力日本飞得更高。但是中国的规模太大，经济高速成长之后，直接把雁阵结构冲散了，东亚的经济秩序开始发生深刻转型。

雁阵模式被冲散的起点是，中国在20世纪90年代依凭低廉的要素价格，吸引了大量制造业从东南亚国家转移到中国。而中国的政治自主性是东南亚国家完全无法匹敌的。所以，制造业向中国的转移，并不是简单地改变了雁阵中的尾雁，而是带来了一种深刻的政治经济秩序变迁。

制造业转走，会给东南亚国家带来一系列问题。在雁阵模式的时代，东南亚国家的工业化进程让大量人口从乡村转移到了城市。这种人口结构的大规模变化，要求东南亚国家有相应的制度演化以便消化由此产生的各种问题，并满足各种新的需求。但是，在东南亚国家的制度演化还未跟上的时候，制造业又转走了。进城的人口很难再回到乡下，城里却不再有足够多的工作机会，这就引发了很多社会动荡乃至政治动荡。这些动荡发生于一个大的国际政治经济秩序演化的背景之下，东南亚国家光靠自身的力量是很难消化的。

中国则在这个过程中逐渐发展出一个庞大的供应链网络，具体逻辑前文已有很多论述，此处不赘。到 21 世纪的第二个 10 年，随着各种经济条件的变化，中国的供应链开始向东南亚外溢。此时已是第四次工业革命的时代，产业逻辑发生了深刻变迁，中国供应链的外溢过程并不像日本的雁阵模式那样，低、中、高端产业依次向外转移，而是低、中、高端产业仍然都在中国，只是这些产业中有一系列的生产环节被细化出来，其中那些对于供应链要求不高、劳动力成本的占比又较高的环节外溢到了东南亚。这个外溢过程让东南亚的制造业再度发展起来，有了消化那一系列社会问题的基础。

我们从前面的一系列分析中还可以看出，供应链外溢的模式与雁阵模式相比，在拉动周边国家经济方面有一系列差异——无论是在主导国的规模上，还是在制造业转移的结构性逻辑上。所以，虽然日本的雁阵模式能被中国供应链网络冲散，但在技术条件不出现新的实质性跃迁的前提下，供应链的外溢很难冲散中国的供应链网络本身。

以这一系列宏观观察和理解作为基础，接下来我们需要进入更加微观的层面，从具体的“人”的角度来观察旅居海外的中国干部。因为如果没有这些具体的活生生的人的参与，供应链网络的外溢就欠缺了至关重要的载体。关于中国的“走出去”，过去我们经常看到的多半都是宏大的项目和抽象的数字，较少看到微观层面的人究竟是如何活动的。欠缺了对于微观基础的理解，宏大的项目和抽象的数字便欠缺了实在的活力，也欠缺了与其他国家的民众相接触的实际界面。

国内在微观层面上对海外中国人[1]的关注比较有限，但他们正反映着“走出去”的中国非常重要却又沉默无声的一面，也是让我们理解中国与世界关系的一个非常重要的侧面。具体的人的故事，可能没有宏大叙事那么激动人心，却会让人在真实的细微处触摸到人性中纠结着的脆弱和力量。

从另一个角度来说，这些中国干部又是中国巨大的智力资源宝库。当我们的视野聚焦在宏大项目上时，更多时候采取的是一种己方视角，欠缺了对方视角。国内太少关注项目的接受方是如何理解问题，如何看待世界的，尤其是国内往往只能关注到项目接受方的官方态度（这种态度肯定是欢迎），却很少能够关注到当地民间的态度，不知道当地的百姓是如何理解这些政策和项目的。

1　通常还有个说法是“海外华人”，这是个比较宽泛的概念，既包括定居海外一代以上，已经取得当地国籍的华人，也包括新移民出去的华人，两种华人的身份认同有很多微妙但重要的区别。书中经常会谈到在海外的华人群体，如果用的是“海外华人”，则泛指这两个群体；如果用的是“海外中国人”，则专指新移民出去的华人群体。

这是个极大的盲区，因为对方真正的民心并不是通过官方态度表达出来，而是在民间的直接感受中的。要真正地理解和把握住对方民间的感受，需要有一系列在地化的知识；要知道什么是对方所真正需要的项目，以及要让它们能够真正有效地落地运作，更需要在执行过程中有进行各种文化调适的能力和经验，否则很大概率会是事倍功半。

中国在这方面的知识和经验有着巨大的欠缺。而中国干部（实际上不仅仅是中国干部，而是包括各种各样在海外打拼的华人）由于自己的生存处境，每天都要面对与当地人的各种文化调适问题，在这方面有着巨大的经验和智慧。这些应该成为中国“走出去”最重要的智力资源宝库，但是这个宝库现在大半处在沉睡状态，没有被激活。对中国来说，这是对于国民智慧的巨大浪费。

要让这些海外的国民智慧焕发活力，很重要的一个前提是，我们需要知道他们的所作所为、所思所想、所忧所虑，让海外中国人的声音与智慧能够进入中国的公共话语空间中，才能让国内与国外的思考逐渐打通起来。由于本次调研的时间所限，我无法对中国干部做足够深入的研究，在这里只能对他们做一个简单的素描，期待这个简单素描能够吸引更多人的兴趣去关注他们，让这个智慧宝库能够在中国激发出对于自身与世界关系的更多思考。[1]

1 关于中国干部问题更加细致深入的一份研究，可参见王剑利：《连锁迁移与在地演化——“中国干部”在制造业越南转移中的文化调适》，《探索与争鸣》2020 年第 1 期。

我在下文通过几个案例，尝试递进式地呈现出中国干部的一系列侧面。通过第一个案例，呈现出作为个体的中国干部的一些精神困境；通过第二个案例，呈现出中国干部如何利用自己熟悉的中国人的人际网络，在越南发展出商业网络；通过第三个案例，呈现出中国干部的活动又是如何拉动起越南人的人际网络，并由此发展出商业网络的；通过第四个案例，呈现出在越中国人[1]是如何在商业网络之外进一步融入越南的社会网络的。在四个案例之后，我还会讲一讲虽然与中国制造业转移没有太大关系，但值得被我们知道的一些老侨的故事。

1 第四个案例的人物彭子豪，并不是中国干部出身，而是到了越南直接创业，但是他融入越南社会网络的模式，在很多中国干部那里也是相似的，所以我在这里用了“在越中国人”这样一种更中性的表述。

— 新南洋 —

胡志明市中国商会的赵骞会长，为我们对旅居海外的中国干部[2]的调研提供了很大帮助。他介绍了一位名叫雷祖旋的中国干部给我，就是本章开篇提到的净圆奶茶店的老板。雷祖旋管理着几个微信群，群成员合计有2000多人，都是越南家具行业的中国干部，其中有不少已经在越南创业成功当上老板了。家具行业是很早就进入越南的制造业，也是越南有比较优势的重要行业。雷祖旋帮我们打开了进入中国干部世界的一扇大门。

我们相约在雷祖旋的奶茶店碰面，可店里太吵了，喝完奶茶我们就转移到他销售防盗门的贸易公司做访谈。访谈没多久，我

2 下文所称的“中国干部”，是指“中国干部”出身的人，但是这些人今天不一定还是作为管理人员的“中国干部”了，有不少是已经自己出来创业，成为成功企业家的。但是这些人都有过“中国干部”这样一种经历，所以我在文中就用这个概念来统称了，不再做细致区分。中国干部的来源，有的是台资企业从大陆直接带出来的，也有的是台资企业通过中介公司从大陆招聘再来到海外的。

们就明白他先带我们去奶茶店的用意——那里对他在越南的奋斗有着特殊意义。

雷祖旋是在 2004 年 4 月来到越南的。在此之前，他先是在家乡广西百色的一个乡政府文化站工作了 7 年，前途大好。然而，他为情所困，在 2000 年放弃“铁饭碗”远走他乡，去东莞打工。由于有良好的教育背景和丰富的社会阅历，不到三年，他就从东莞一家台资家具厂的流水线普工晋升为主管。2004 年，美国对中国生产的出口家具展开了反倾销调查，台资老板决定在越南设厂以规避调查，雷祖旋便被派到了越南。

到了越南之后，他仅仅用了三个月时间就学会了越南语。雷祖旋告诉我们，这惊人的学习速度与他的一段教训有关。他在东莞的时候，有一阵子管账，每天都用计算器。过了大概半年，某一天他突然发现自己的计算能力严重退化，连遇到非常简单的加减法，他的第一反应都是要去找计算器，而无法用心算完成。被工具绑架，让他很不爽，他暗自决定，以后绝不能再陷入这样的处境。所以，到越南之后，他特意要求公司不给自己配翻译，以此来强迫自己主动学习。三个月后，果然学成了。

语言能力让雷祖旋获得了巨大的优势。他身边的中国干部大多不会越南语，与越南人打交道时都需要雷祖旋帮忙，甚至他们想和越南女孩约会，都需要雷祖旋做“电灯泡”（当翻译）。雷祖旋因此很快在越南闯出了自己的一片天地，有了属于自己的人脉网络。

2008年，雷祖旋发现商机，在工厂附近开了一家奶茶店，雇了几个人帮忙打理。奶茶店迅速给他带来每月2万元收益——当时在越南，他只靠三四千元的月薪就已经过得很舒服了。越南的这一切让雷祖旋意气风发，开奶茶店的第二年，也就是2009年，雷祖旋带着多年积蓄离开了越南，准备回国发展。

然而，回国之后，雷祖旋才痛苦地发现，自己已经回不来了。他离开中国虽然只有短短5年，中国经济却已发生了深刻的变化，这是在越南无法想象的。他在国内花了一年时间，努力重建各种关系，张罗各种饭局，想要寻找发展的机会。可是，即便他能与当年的同事、伙伴重新建立联系，却难以进入他们的经济圈。而且，雷祖旋发现，自己已经跟不上中国经济的节奏了。最终，耗费了几十万元积蓄之后，他不得不无奈地回到越南。

再次回到越南，就跟当年很不一样了。当年雷祖旋有多么意气风发，如今他就有多么痛苦沮丧。幸而，奶茶店还在，令他仍能在越南过上衣食无忧的生活。但是，他找不到生活的方向了。也许他曾经梦想着在海外打拼，有一天能够光宗耀祖、荣归故里。可现实告诉他，一切都变了，故里回不去了。所以，雷祖旋没了第一次来到越南时的冲劲儿。越南对他来说成了一个单纯养家糊口的地方，而不再是收获希望的地方，因为支撑他不懈奋斗的各种意义感被消解了。

郁闷无聊之中，他把当年认识的一些家具行业的朋友拉到一个 QQ 群里，这个群里有几十个人，雷祖旋经常和他们聊天，张罗线下聚会，以此排解心中的苦闷。很快，雷祖旋发现自己似乎在服务这个群体的过程中找到了意义，在里面投入的精力和时间越来越多。从国内刚回到越南的时候，有整整两年的时间，维护这个 QQ 群成了他的“主业”——几乎从早上一睁眼到晚上睡觉，每天有十几个小时都花在群里面。而且，他在这个群里面没想获得任何收益，纯粹出于一种奉献心态。因为对他来说，有比追求名利更为重要的事，那就是寻找意义。QQ 群让他找到了这种意义感，这个意义究竟是什么，他也说不清，但生活重新变得有趣味了。

由于这个 QQ 群没有任何功利色彩，再加上雷祖旋作为群主特别愿意奉献，在群里不停地活跃气氛，经常为大家提供各种帮助，群里的氛围非常好。身处异国的人在这个群里很容易感受到温暖和关怀，越来越多家具行业的人被吸引加入进来。后来，QQ 群变成微信群，群成员也从几十人发展到几百、上千人。雷祖旋在群里的威望也越来越高，组织的线下活动经常有几百人参加。

人多了，想法就多了。有人提出，群的线下活动常常是聚餐吃饭，但是吃完就结束了，应该想办法留下些什么。能留下什么呢？雷祖旋也想不出什么太好的办法，想来想去，便在群里宣布要做个通信录，下次聚会免费发给大家，请大家把联系方式发过来，想要给自己的企业打广告的也可以发过来。由于是免费的，也希望有人愿意赞助。收集到各种信息之后，雷祖旋花了整整三个月的时间进行编辑排版，排版软件不会用，就用 Word（文字处理器应用程序）一点点来弄。三个月后，家具群的第一本彩色通信录诞生了。

雷祖旋说，他到现在仍然记得，在聚会时，人们拿到通信录，忽然都特别激动，有的人甚至流下了眼泪。听到这里我感到很奇怪，这仅仅是一本通信录，有什么好激动的？

我忽然心念一动，追问了一句："如果这个通信录是由官方组织制作的，大家是否还会这么激动？"雷祖旋很肯定地回答："不会。"

我一下子就明白了这些人如此激动的原因。在国内的时候，他们很多人的社会地位并不高，奋斗得很艰难，因为一些机会来到越南，才努力开辟出了一片天地。支撑他们在越南奋斗的除了谋生的需要，多半还有想要积攒一定资本，最后荣归故里、光宗耀祖的念头。但是，他们和雷祖旋一样，在海外奋斗若干年后却发现，自己很可能已经回不去了。意识到这一点之后，他们会突然之间陷入一种意义的虚无感中。

既然故乡已经回不去了，辛辛苦苦在海外的奋斗和积累还有什么意义呢？越南不再是收获希望之地，而是无奈的栖身之所，即便积累了一定财富，这也与生命的意义不再有那么深的关联。自己的所作所为很有可能会在历史中彻底湮灭，不会有人记住他们曾经做过什么，不会有人知道他们曾经的努力奋斗。既然如此，努力还有什么意义？他们陷入了巨大的身份困境。

但是，正如雷祖旋所说：“有了这个通信录，多年之后这些人就可以拿着它，指着里面一个个的名字，和孙子吹牛，当年爷爷在越南曾经做过这样那样的事情。”也就是说，有了这个通信录，这些难以归乡的人，在海外的奋斗历程忽然获得了一种物质化的载体，他们的努力不会像泡沫一样消散而去，不为人所知，而是以一种可以被留存、被传播的方式记录了下来，他们的名字有机会被陌生人看到并读出来，他们的努力开始进入历史。更重要的是，这个通信录的出现，不是官方组织出来的结果，否则这些人就仍然只不过是宏大秩序中微不足道的装点；这个通信录是所有人自主参与的结果，他们亲身参与塑造了这段历史的物化载体，不再是被动地等着被安排、被记录的一个数字，而是一个个活生生的历史主体。有了通信录这种物化载体之后，这些在海外奋斗却又内心彷徨的人，突然间感觉自己找到了努力的意义。那一刻对于他们心灵的慰藉，是外人难以想象的。

雷祖旋在讲这些故事的时候，尽量保持平静的语调，但我能感受到他在努力抑制内心的激动情绪，能感受到他内心的澎湃。

听雷祖旋讲这些故事，我也十分感动，感觉自己正亲眼见证着一个新时代的“下南洋”。早年下南洋的中国人，多半都是在国内走投无路的穷苦人，为了活下来，被迫放手一搏，以性命为赌注，到南洋去寻找机会。这些人在国内处于社会底层，来到南洋之后，很多仍在底层，最后埋骨海外，不为人所知。但也有很多人凭着一股不服输的劲儿和不顾一切的奋斗精神，在海外获得了成功。这个群体中出现了陈嘉庚，出现了李光耀。通过这些奋斗出来的人，人们知道并记住了“下南洋”的这个群体——他们不仅深刻影响了当地，而且反过来深刻影响着中国的历史进程。“下南洋”的群体得以以一种主体的身份进入历史，而不再是被动、抽象的数字。

而我们今天看到的中国干部这个群体，他们的出身也不高，但在海外的奋斗与努力，让他们获得了比在国内更高的地位和身份。然而，时代发展太快，他们虽在海外有所得，却无法真正回到国内了。如果他们在海外的所有努力都无法被人知道并被历史记住的话，他们这个群体就成了精神上的海外孤魂。官方在海外自上而下的组织是无法让他们重获意义感的，因为那并不是个体自己的选择。人若要获得意义感，切实进入历史，一切作为就必须是基于自主的选择。

雷祖旋的工作恰恰在无意中让这群人找到了进入历史的方式，雷祖旋也在这一过程中完成了他苦苦追寻的自我救赎。尽管最初的那本通信录在今天看来非常粗糙，甚至不值一提，但是对这些人而言，那是他们生命意义中一块非常坚定的基石。

如果说中国在海外的影响力有什么真正深刻的、不可动摇的根基的话，这些回不去故乡的中国干部毫无疑问是其中仍不为人所知却极为重要的基础——这毫无疑问就是新时代的“下南洋”。这个群体对于我们这个民族有着深刻的意义，但他们仍在苦苦寻找自己的意义，我们有责任让他们的故事被这个民族看到，让他们以更深刻的方式进入历史。

— 海外的乡亲 —

听完雷祖旋的故事之后，我产生了新的问题。雷祖旋组织的2000多人的微信群是在越南当地自发形成的，这些人都是在海外萍水相逢后走到一起的。那么，国内既有的人际组织网络，是否与在越南奋斗的这群人之间有一些值得观察的联系呢?

提出这个问题之后，好几个人都向我推荐了一个同样是中国干部出身，现在已经在越南发展得非常成功的中国商人——我在前文提过的任泽忠。我们在他位于平阳省的鸿福家具厂里聊了几乎整整一天。

任泽忠是重庆丰都人，家里有6个兄弟姐妹，他排行第五。由于家里很穷，任泽忠很晚才开始读书。读到初中，家里就供不起了，他只好辍学去广东打工。他说:“我最喜欢到没有一个熟人的地方去，自己开拓出熟人关系。等在这个地方混熟之后，就想把自己的亲戚朋友都拉过来，一起做事。”这种行事风格贯穿了他的整个奋斗历程。

任泽忠外出闯荡的第一站是广州。“来到广州，我才知道什么叫城市。”广州的繁华带给他很大的惊喜，但他发现，广州招工对语言有要求——必须会讲粤语，可他并不会。这时，他听说东莞有很多工作机会，又对语言要求不高，还有粤语培训班。于是，他决定到东莞碰碰运气。

由于身无分文，任泽忠步行了两天两夜来到东莞。到了东莞，睡马路、睡公园、捡垃圾，苦熬了若干天之后，他找到一份给人种菜的活儿，每个月有 100 多元的收入，算是安顿了下来。之后，他不断寻找更好的机会。直到一年多以后，任泽忠终于在东莞的一个台资家具厂找到了工作。吃苦耐劳、乐于学习、有责任心等一系列特质，让他很快脱颖而出。工作了一段时间后，老板便对他委以重任，让他负责整个家具厂的采购网络。

任泽忠因此经常和上下游的供应商打交道，从而慢慢在家具业的供应链中形成了自己的广泛人脉。在这之后，他开始把自己的老乡陆续带到东莞，推荐他们到自己所在的企业或者到和自己关系不错的上下游企业工作。渐渐地，不仅是他本村的，连邻村的甚至邻乡的人都通过他的介绍来到东莞打工，摆脱了贫困。

1997 年，台湾老板决定在越南设厂，便派得力干将任泽忠到越南作为工厂的第一负责人。任泽忠在越南的工作进展得很顺利。过了一段时间后，他觉得这边有很多机会，便又像之前一样，把在东莞的很多老乡、朋友带到了越南。

任泽忠说，来到越南后，他的身份感受上有了一种微妙而重要的变化。在大陆的台资企业里工作的时候，企业中有很强的等级性，他一直觉得自己是被上级的台湾干部压制的。但是，到了越南，他作为企业负责人，能平起平坐地与同行业的其他台湾老板打交道。也许是这种身份感受上的变化带来的激励，让他不甘于继续打工。2000 年，任泽忠决定离开工厂，凭借自己在东莞和越南积累起的人脉网络创业，做自己的家具厂。

当时和他一起过来的老乡、同事们没有一个人有创业的勇气。任泽忠对我们说："我这个人常常走在最前面，走到悬崖那里了，不知道跳下去危险还是不危险，但我先跳给你们看。如果我死了，你们就别跟来；如果我还活着，并且活得不错，你们就跟着下来。我身边这帮人一开始没有一个做老板的，我就先做起来。"

开始创业之后，任泽忠才发现这真的是个"悬崖"——工厂九死一生，几次遭遇灭顶之灾。最后，他都凭借自己的智慧和些许运气熬了过来。几番死里逃生之后，任泽忠的工厂终于步入正轨，接到的订单越来越多。

鸿福家具厂的生产规模扩大了，就可以为自己的供应商提供相对稳定的订单。于是，任泽忠的老乡们也陆续离开原来的工厂，自己创业，成为鸿福的供应商。就这样，任泽忠凭借自己在越南的人脉网络和家乡的家族网络，在越南建立了一个完整的家具产业供应链网络，拉动老乡创立了几十家工厂。在二十几年前任泽忠离开家乡之际，他们村是镇里最穷的，如今已经是镇里第一村了。

在这个供应链网络的工厂中，一线工人和中层管理人员基本都是越南本地人，但高层管理人员和老板都是中国人。这个网络与任泽忠在家乡的家族网络有着紧密的关联，相当于中国内部的社会组织网络在越南以特定的方式被复制了出来，并且转化为一个商业网络。而这个越南商业网络在资本和人脉上又关联着广东东莞的商业网络。这些网络又同时关联着家具行业中一系列的信用关系网络和技术传递网络。多重网络彼此缠绕、互动，共生演化。任泽忠是网络中的一个核心节点，网络反过来给他的生意提供了很大助力。后来，我们在东莞采访到了任泽忠的一个生意伙伴兼干亲家，也是个四川人。他说，直到现在，他们玩得好的十几家人，还经常聚在一起过春节。

我进一步问任泽忠：“对越南的家具厂来说，哪些材料能够在越南当地完成采购，哪些材料不可以呢？”他回答说：“这个问题不能这么问，因为材料也都有自己的生产流程，它们的生产流程也都涉及较为复杂的采购过程。而且，这些采购过程的不同环节可能分布在不同国家，是在一个远超越南的庞大供应链网络中完成的。不过，中国在里面扮演核心角色。”

任泽忠的家具厂主要面向美国市场。这意味着，他以自己的人脉和商业网络为中介，把越南的劳动能力同中国的供应链网络与美国的庞大市场对接了起来，形成一个多元综合的网络结构。在这个网络结构中，川渝、东莞、越南、美国则通过交错的人际网络、资本网络、生产网络、市场网络、技术网络等联系起来。而像任泽忠和他的老乡这样的中国干部群体，是整个网络的微观基础。虽然这个微观基础经常被人忽视，但正是它让整个网络获得了源源不断的生命力。

— 工厂里的白皮鞋 —

任泽忠凭借一己之力在越南当地拉动起了一个供应链网络，但这个网络仍然是以任泽忠的家族关系和人脉网络为基础的。出现在这个网络中的越南人并不是合作者的身份，而是受雇者的身份。那么，中国干部在越南的活动有没有拉动由越南人也深度参与的网络呢？循着这个问题，我们找到了现在在越南经营着一家建筑公司，承建各种厂房的S先生。最近几年，越南对厂房的需求越来越多，S先生的生意也做得越来越顺畅。

与雷祖旋、任泽忠比起来，S先生的故事更有戏剧性。他是湖南人，小时候家里非常贫困。可他很好强，受不了靠母亲辛辛苦苦给别人煮饭赚的钱读书。在考上职业高中之后，他决定辍学出去打工。S先生打工的第一站是广西——在工地上挑河沙，后来又去成都给人砌鸡笼子，东莞是他闯社会的第三站。

刚到东莞的时候，S先生在一家台资鞋厂里做领料员。这个工作没什么技术含量，本质还是体力活。虽然没学到什么技术，但他因为性格豪爽交到了一些朋友。在鞋厂里干得不开心，S先生便出去学做生意。几年下来，赚到些钱，但没过多久又都赔光了。

直到1996年，S先生当年在鞋厂认识的一位朋友找到他，说佛山一个台资鞋厂准备在越南建厂，需要派有经验的人过去做技术指导，问他有没有兴趣。S先生一听到这个消息，非常兴奋，因为能够出国工作了。他觉得这是件光宗耀祖的事，是个千载难逢的机会。但毕竟去越南是要做技术指导的，鞋厂要先对申请人进行技术考核。S先生想了一些鬼点子，混过了考核，然后就回湖南老家等着工厂给办出国手续了。童年玩伴听说S先生要出国的消息，觉得非常荣耀，一堆人天天喝酒聚会，庆祝这件大喜事。到了要离开的那一天，村里敲锣打鼓欢送了他20多公里路。

S先生想到自己出国是要代表中国人形象的，绝对不能给中国人丢人。于是，他就仿照在港片里面看到的最帅气的形象，穿上背带裤，打着小领结，踩着白皮鞋，坐上飞机去了越南。但这种兴奋和帅气仅仅在他身上停留了几个小时。接机的越南台资厂的人看到他这身打扮，大吃一惊，哭笑不得地问：“你这是到越南来打工的吗？”

更麻烦的事情还在后面。S先生到了厂里才发现，自己要做的工作和想象中的完全不一样。他以为只要坐在办公室指挥人干活就可以了，但实际上，他要在生产线上对越南员工进行具体的操作指导。S 先生对技术一窍不通，一下子就露馅了。

鞋厂老板非常生气，觉得自己被骗了，打算赶 S 先生走，还要他赔偿工厂为他花费的 8000 元。可 S 先生根本拿不出这么多钱。既然事已至此，他决定奋力一搏，便和老板商量说：“我现在确实什么都不会，但是你给我 3 个月的时间，我免费给你工作。这 3 个月里，我会拼命学习。3 个月之后，如果你觉得我学会了，就把我留下；如果你还是觉得我不行，就买张机票把我送回去。反正到那时我已经给你免费工作 3 个月了，你也不算亏。”

老板勉强答应了他的要求。S 先生下狠功夫，3 个月在工厂里没日没夜地学习，终于学会了必要的技术。老板是一个实在人，没有计较他之前的欺骗行为，按照承诺把他留了下来。虽然被留了下来，但毕竟有了污点，所以 S 先生在工厂就格外努力，做任何事都比其他人多动一些脑筋。

S 先生所在台资厂里的管理架构是：最顶层是总经理，下面是 3 名副总经理——这些职位都由台湾人担任；每个副总经理下面会有 4~6 名经理，经理下面再设课长——这两层职位主要由大陆干部担任；再往下是组长、班长，最底层是流水线普工——这些职位则都是由越南人担任。

S 先生当时处在课长这一层，他下面的小组长、班长都是越南人。为了更好地工作，他和雷祖旋一样，很快就学会了越南语，并且开始主动打入越南员工的圈子。在真正进入越南人的生活之后，他发现，越南人跟中国人在很多问题上的理解是不一样的。很多越南人看重的事情，中国人未必看重，而中国人看重的事情，越南人未必看重。由于这种文化差异，中国人要去直接管理越南工人会有很大难度，因为他们不知道管理时的着力点在哪里。S先生想到，应该让越南人直接管理越南人，他自己只需要管理越南干部就好。

S先生就每天都跟这些越南干部混在一起，白天一起上班，晚上就请他们吃饭喝酒，或者到越南干部家里做客。碰到越南干部家里有婚丧嫁娶的事情，他就带着一个大红包前去——金额比其他越南人包的大很多。S先生以这种方式迅速地在越南干部里打开了局面，很多越南一线员工也特别喜欢他，愿意跟他交朋友，工作上也就更加配合了。因此，S先生的管理效率越来越高。

很快，台湾老板就发现，原来S先生一直在自掏腰包和越南员工处关系。老板被他感动了，也意识到这种私下的情感交流对于工厂管理的重要性，有一天就私下对他说："以后，你请他们吃饭，费用我出一半。"

从1996年到2004年，S先生在这个工厂里工作了整整8年。在这些年里，他逐渐搞清楚了越南当地的行事逻辑，也交了一群越南朋友，拥有了自己的人脉网络。于是，2004年，他决定走出工厂自己单干。和其他"中国干部"创业给"老厂"做供应链不同，S 先生离开了自己的老本行，创办了一家建筑公司，为工厂建设厂房。由于有着丰富的越南人脉和管理越南人的经验，他的公司里只有他自己这一个中国人，其他全都是越南人——从普工到管理层皆是如此。

S 先生先想法子搭上了宝元鞋厂发展的快车，趁着宝元大规模扩张的机会，承包了它一半多的新厂房建设。有了这个大客户，他的公司很快步入正轨。但随着公司规模越来越大，新的问题出现了。盖厂房的业务订单并不是按照有规律的节奏来的。有时候，公司业务过于饱和，忙不过来，S 先生只好把项目转包给其他公司；有时候，业务又过于惨淡，工人长时间没活干，但公司仍需为此支付很高的人力成本。

为了解决这个问题，S 先生开始把公司的一些非核心业务剥离出来，扶持越南管理层的人员围绕这些业务出去创业，成立公司，做他的供应商。几年的时间里，S 先生的公司陆续孵化出十几家越南人创立的公司。S 先生的公司业务繁忙的时候，孵化出的越南公司就作为供应商存在；S 先生的公司业务不忙的时候，它们也可以自己去寻找其他客户。

于是，以 S 先生的公司为中心，一个深刻嵌合在越南人经济中的多元交叉网络逐渐发展起来。这个网络迅速蔓延，超出了 S 先生原来公司所覆盖的范围，自生长、自扩展的网络就这样演化成越南当地经济中非常有活力的一个二次生长的部分。这是一个非常有意思的案例，它让我们在微观层面上看到，中国干部在海外的努力，不仅仅在改变自己的命运，改变家乡的样子，同时在以一种很积极的姿态拉动着越南的经济与社会演化。

— 越南姑爷 —

在越南的中国人来源很多样，有跟随外资或来越投资的中资企业过来的中国干部，有被国内的工程企业派出来的工程建设群体，有从国内直接过来创业的，有凭自己的专业技能在越南提供各种服务的……林林总总，合计有几十万人。

这些人以各种方式与越南的社会产生关联。S 先生的案例让我们看到这个群体对越南民间经济网络的具体拉动效应，我们随即产生更进一步的兴趣：这个群体是如何融入越南当地社会与文化网络的呢？循着这个问题，我们找到了在越南南部的中国人当中很有名望的彭子豪。我在胡志明市做调研的时候，很多人跟我说，只要你认识了彭子豪，你就可以认识越南南部几乎所有中国人。

彭子豪来越南之前曾经做过政府公务员，后来辞职到上海创业，经历过成功和失败。资产归零以后，他跟着朋友到越南做餐饮行业。几年之后，因为一个偶然的机会，他进入签证代理这个行业。由于接触的人多，他积累了丰富的经验，后来又做了商务咨询。这些经历，让他对于在越南的中国人的情况极为了解。2012 年，中国驻胡志明市总领事馆首创了领事保护联络员制度，让民间有影响力的侨民帮助领事馆做一些与领事保护相关的外围工作，以缓解领事馆人手过于紧张的情况。彭子豪是联络员之一，这让他对官方与民间的各种情况有了更多了解。

彭子豪的各种身份中最令我感兴趣的，是他的“越南姑爷”身份。这里所说的“越南姑爷”并不是指那种住在条件很差、娶不上媳妇的山村，便“买”个越南媳妇的人，而是指在越南工作或投资，与当地女性结婚成家的中国人。这些人多半事业上有所成，条件还是不错的。彭子豪说，就他所知，历年来，以这种形式娶了越南媳妇的中国人的总数应该超过 50 万，但并不是所有人都长期生活在越南，长期生活在越南的有大约 2 万人，但这也是个规模相当不小的群体了。

彭子豪和太太相识的过程很有趣。他刚到越南 5 个月的时候，因为打错电话认识了后来的太太。在语言不通的情况下，两个人通过查字典看短信、发短信建立起关系并交往。他们从认识到结婚，正好是 100 天。结婚以后，太太就辞去了在韩国公司的工作，和彭子豪一起经营他的公司。这对彭子豪在越南事业的发展起了决定性作用。

其实，我最早知道“越南姑爷”这个群体的存在，是从雷祖旋那里听到的。最初，雷祖旋把主要精力放在运营家具行业的“中国干部”群上。这么多年下来，群的规模越来越大，有了更成型的管理模式，可以脱离雷祖旋自己运转了。所以他现在把主要的精力都放在另一个群里，就是他参与发起的“越南姑爷”群，彭子豪则是另一个参与发起人。目前这个群里大概有1000多人，只涵盖了越南姑爷的一小部分，但这是最有影响力的一部分人。

之所以会成立这个群，与越南姑爷们面临的一系列共同困境相关。他们需要联络起来，相互守望、相互帮助，就共同的问题一起寻找办法。推动这个群成立的契机，是越南2014年的“5·13排华事件”。“5·13排华事件”让很多在越南的中国人都感受到危险，而在当地成家立业的越南姑爷由于身份的双重性，面临更加复杂的困局。住在胡志明市的人还好一些，住在罢工中心地区平阳省的那些越南姑爷，甚至有家不敢回。因为即便自己的越南家人愿意接纳自己，他们也无法保证邻居不会有恶意。一群漂泊在海外、事业上已有所成，并与所在地形成了各种生命性关联的人，却在这一刻感受到身份上的多重困境。

当然，“5·13排华事件”是个极端事件，就日常生活而言，越南姑爷们并不会面临这种极端困境。他们要面临的，有财产上的困境，还有更微妙的政治和文化身份上的困境，其中很多问题可能称之为“困惑”更为恰当。

先说财产困境。如果一个人没有越南国籍，就不可以购买越南土地，买的房屋也只有50年产权，而有越南国籍的人购买土地和房屋都能获得永久产权。所以，越南姑爷们通常都是以妻子的名义购买土地和房屋的。此外，如果一个人没有越南国籍，要开设工厂便只能在工业园内租用土地，租期只有50年；如果有越南国籍，则可以在工业园之外买到有永久使用权的土地，然后建厂。很多自己创业的越南姑爷选择以妻子的名义购买土地，在工业园外建设工厂。这样一来，所有大宗财产都在妻子名下，一旦发生婚变，越南姑爷只能净身出户。这类故事有过不少。所以，越南姑爷们正努力在当地申请注册一个非政府组织——国际家庭协会，尝试以一种更加集体化、规范化的方式来推动政策演化，保障自己的权利。

但是，财产困境涉及系统性的法律变革，要解决这个问题，需要漫长的时间。就目前而言，越南姑爷们能主动作为的空间实际上很有限，只能想办法尽量规避。

而政治和文化身份上的困境，或者说困惑，最核心的就是孩子的问题。

一个问题是，孩子出生后究竟入哪一边的国籍？越南承认多重国籍，但中国不承认双重国籍，同时选择两个国籍不可行。不过，这个问题可以拖一拖，因为在孩子满18周岁的时候，他还有一次自己选择国籍的机会。

但紧跟着的另一个问题是：孩子应该接受什么样的教育？这个问题非常重要，因为教育会影响孩子的自我认同，也就在相当程度上决定了他在18周岁的时候会如何选择国籍。让孩子接受中国教育的话，他有可能认同自己是一个中国人，越南母亲心里就会很难受；让孩子接受越南教育的话，他有可能认同自己是一个越南人，中国父亲则会很难受。要想父母双方都不难受，有一个折中选项，就是让孩子在越南接受国际学校的教育。可这样一来，孩子可能不知道自己应该认同什么，孩子又会很难受。于是，这就成了一个很难解决的问题。

我在跟彭子豪做访谈的时候，恰好碰到他的女儿放学回来。小姑娘长得漂亮又可爱，看到我们一行人，礼貌地用标准的汉语跟我们打招呼。我便顺势问彭子豪：“你的孩子接受的是什么教育？”彭子豪说：“我的孩子接受的是轻国际教育，学校是越美合作办的，英越双语教学。学校里，90%以上的学生是越南孩子，不超过10%的外教大多是印度人。我从孩子刚出生的时候，就每天对她说汉语。我的岳父曾经笑话我，说孩子什么都听不懂，你跟他说这个有什么用啊？但是我不管，坚持每天跟她说汉语。最后，孩子开口说的第一句话竟然是句汉语，这让我很欣慰。现在，我虽然让她接受英越双语教育，但始终让她学习中文。”

彭子豪的孩子有着双重的身份认同，认为自己既是中国人又是越南人，但由此又会遭遇一种特殊困境，就是越南人对中国人的抵触情绪。她在学校里经常能够感受到同学们的这种情绪，心里很难过，却不知道应该怎么回应。孩子回到家里会问爸爸，为什么同学们会这样。彭子豪便努力超越民族和国家的区分，教育孩子用更大的视野和更广阔的胸怀看待世界。他还说，未来孩子长大后，如果面临中越之间的利益冲突问题，自己会引导孩子站在更高的角度来思考，理解越南，也理解中国，采取中立态度。这样一来，孩子就不会被首先教育成一种政治动物，而会首先是一种文化动物，这会是更多包容、更少偏激的一种多元开放的心态。

彭子豪的孩子以后还会面临一系列的身份困境，但是我相信，在他那种理念下培养出来的孩子，思考问题的视野、格局、胸怀会比一般的孩子大很多。彭子豪为孩子做的这些努力让我肃然起敬，我猜想，这也会是很多有想法的越南姑爷的普遍努力。这样一种视野、格局和胸怀，本应是一个大国的国民天然就具备的。但现在在中国大陆，这方面还需要很大提升。古语云“礼失求诸野”，在这样一群身份微妙的海外中国人身上，反倒让我们看到了应有的气度。

彭子豪们有这种视野与格局，未必是因为他们的格局天然地就有多么大，更有可能是因为他们作为身处异国的少数群体，在这种多元的经济-文化-政治交错的处境中，会有多重身份，而这多重身份彼此之间可能发生冲突，这些人在内心中自然地就会被逼问一系列问题。而要想回应这些问题，这些人就必须具备一种超越性的视野和格局，这样他们才能获得内心的安顿。他们也会希望自己的孩子能够有同样的视野和格局，才能跳脱出彼此冲突的多重身份在内心造成的张力。

这样一种视野和格局，经常会出现在具有某种边缘性身份的人群当中，因为他们会面对主流人群根本不用面对的问题，这反倒会让他们打开主流人群通常打不开的视野。所谓“礼失求诸野”，很可能因为在“野”之人正是主流之外的边缘人群，他们不为主流视野所关注，却保留着或展开着对于整个社会而言更有价值的精神世界。

与彭子豪的交谈中所引发的这一系列思考，还让我想起汉朝的“亡人”现象。所谓“亡人”，是指离开中原故土，逃亡到匈奴生活的汉人。亡人的出身多种多样，他们在中原故土时的身份有高有低，但多半都在中原很不得意。虽然逃到匈奴获得了新的机会与身份，但他们要面临新旧两种身份之间的认同困境。有学者的研究表明，这种处于多元文化与处境中的人，在现实问题的逼问下，并不像通常的中原人士那样有着一种狭隘排他的族群意识，相反，他们对族群关系持有一种不极端的态度和宽和的倾向。[1] 只有这样，他们才能化解内在的精神纠结。

我们无法强求一个人在对待异于自己的群体时，天然地就有

1 王子今：《汉代北边“亡人”：民族立场与文化表现》，《南都学刊》2008 年第 2 期。

开放宽和的态度，相反，偏见才是常态。亡人因为处境特殊，才会突破常态，在反思中形成那样一种态度。

对于古代帝国来说，开放宽和的态度是必备的精神格局。困顿当中的亡人被迫展开的精神世界，有可能对帝国精神格局的打开产生重要的催化作用。咨诸后世历史也能看到，“亡人”现象不仅在汉朝有，在后来的朝代当中也经常会有，这些人普遍拥有一种宽和倾向，这种精神格局对后来中国形成的胡汉交融、远超越于中原之上的“大中国”秩序，[1]有着非常重要的意义。“亡人”这个在历史上较少为人注意的群体，隐隐形塑着中国精神结构中非常重要的一面。

我请彭子豪依照自己的理解，给越南姑爷所关注的问题按照重要性排个序，结果，孩子的教育和培养问题被他排在了第一位。排在第二位的则是如何把越南姑爷之间的资源整合起来，做些更大的事情——因为常驻越南的姑爷通常都有一定的事业，又因为越南姑爷这个身份面临一些同样的需求。排第三位的是如何帮助家庭和睦相处。越南姑爷想到的方法是组织各种聚会活动，让越南媳妇也能互相认识，并进入丈夫的社交圈子，增进中越双方的了解，形成进一步的多重理解。我以为最重要的财产权利问题，

1 关于这种远超中原之上的“大中国”秩序的讨论，可以参见施展：《枢纽》，广西师范大学出版社 2018 年版，第一章第三节。

反而被彭子豪排在了第四位。

不过，被彭子豪排在第一位的孩子教育问题，并不是越南姑爷所独有的问题。采访了一大圈之后，我们又一次回到福建商会，回到我们一开始听说中国干部的地方，和龚会长、沈秘书长讨论自己最近调研的感受。

提到孩子教育问题时，沈秘书长马上补充说，虽然他不是越南姑爷，他的孩子也不涉及中越混血的孩子所面临的一些身份困境，但像他这样在海外打拼的中国人，多半都希望自己的孩子能够接受中国的教育，以便孩子不要忘掉自己的根。但是，一方面，他们不忍心把孩子送回国内，因为不想让孩子成为留守儿童；另一方面，在海外又找不到能够让孩子接受中国教育的地方。所以，胡志明市福建商会一直在琢磨想要提议案，希望国家能够在大力鼓励“走出去”的同时，考虑下中国人在海外的教育问题。

彭子豪做的这样一种排序，让我意识到，自己对海外中国人世界的理解仍很有限。这个群体的身份认同、所爱所感、所忧所虑，都是与他们具体而微的日常生活处境紧密相关的，不在这种处境中的人，是难以直接体会到的。国内对此经常会有各种想当然，乃至因为国内想当然的动作，而给海外的中国人群体带来意料外的麻烦。

海外中国人这一微观群体，与所在国每天都在发生实实在在的直接联系，与所在国的社会、文化有着深刻的交融，并形成共生的关系。在海外多个国家的调研让我意识到，海外中国人与当地社会的交往，才是当地人对中国印象的最直接来源，海外中国人的尊严与能力，对当地人来说是比孔子学院更加直接的文化象征。在这个意义上，可以说，海外中国人群体在相当程度上才是中国在海外真正的力量所在。

如果不去关注这些海外中国人群体的诉求并实实在在地解决问题，中国的“走出去”就会是虚浮的、脆弱的。我们过去对于国际问题的关注，往往都聚焦在宏观问题层面，却忽略了微观的“人”这个层面，导致大量的想法都无法落地，甚至事与愿违。海外中国人在微观层面的努力与诉求，应该作为一种积极的历史力量，能动性地参与中国与世界的互动过程，并参与反塑中国的自我意识的过程；宏观层面的制度设计，则应该为这种微观层面的积极参与创造良好的条件。只有这样，中国与世界才会进入一种更加良性的共生演化历程中。而这一切历程的展开，都以我们能够突破过去单向度的观念与视野为前提。

— 老侨的故事 —

这些海外中国人的故事让我非常感动，历史好像在我眼前继续书写——这就是新时代的“下南洋”。

除了改革开放之后来到越南工作、发展、生活的新侨，其实很早以前就已经有大批中国人来越南谋生了，他们经历的就是老的“下南洋”。这批人的后裔已经取得了越南国籍，成为越南的少数民族，被称为“华族”，其中还有部分人被识别为其他民族；在越南华侨圈子里，他们被称为“老侨”。这群人与本书所关注的中国制造业转移、海外中国人与中国经济等问题虽有联系，但已很微弱。但他们的经历曲折起伏，折射出身处大时代的小人物命运的种种无奈，让人无尽唏嘘。这群人的故事不应被忘记，所以我想尽己所能把他们的故事记录下来一点。

中国人下南洋的历史可以追溯到 1000 年前的宋朝。当时中国的海外贸易非常发达，北到日本、南到爪哇岛，整个东亚地区的海洋世界遍布着中国商人，通常所说的“朝贡贸易”多半是旅居海外的中国商人被所在国任命为使臣，代表它们到中国来进行贸易。

明朝的时候，由于朝廷实行海禁，民间合法的海外贸易在很长一段时间里被禁止，但贸易的需求仍在。于是，民间贸易表现为大规模的走私行为乃至海盗行为。所谓的嘉靖大倭乱，其中的主力实际上是进行走私贸易的中国商人。等到隆庆年间开放海禁，倭乱自然就平息了。嘉靖年间，西方人已经来到南洋。南洋的贸易机会变得更多，下南洋的中国人也变得更多。到了清朝中后期，中国出现了人口大爆炸，人口数量前所未有地突破了 4 亿。人口压力迫使东南沿海的大量人到南洋讨生活，“下南洋”便大规模展开。近代下南洋的中国人的社会阶层多样，但下南洋后多半都是做苦力，其中少部分奋斗成功，成为富人。

从宋朝开始直到近代，中国商人始终是东亚海洋上贸易活动的主力。即便后来，诸如东印度公司等西方国家的势力开始成为亚洲海洋上的贸易主导者，但它们仍然只能从事批发贸易。出口到西方的批发货物的汇聚、进口到东亚的批发货物的分销，在微观层面上仍然由散布在整个东亚海洋世界的中国商人主导。

下南洋到越南的华人大半在南部。今天胡志明市的华人聚居区第五郡，原本就是 18 世纪由华人建立的城市，叫作堤岸市。那里曾经是中南半岛上仅次于西贡的第二大城市，后来与西贡合并，

1975年又改名为胡志明市。1921年，越南的华人还不到30万人；20世纪50年代之后，因为中国大陆的政治变迁，越南华人暴涨到约150万人，其中南越华人约135万人；1975年越南统一之后，越南政府对华人的政策日趋严厉，此后若干年内陆续有60多万华人被迫离开越南；直到中越关系正常化之前，越南华人的数量大约为80万人。1975年之前，华人在越南经济中占据举足轻重的地位。据统计，在20世纪50年代越南南北分治之后，华人经济约占南越经济总量的30%，其中商业占70%，工业占25%。在20世纪50年代初，越南仍由法国殖民政府统治，越南北部地区有华侨华人商号约4000家，约占越南北部各省商号总数的13%，其中有2/3的商号集中于河内、海防，而海防70%以上的商店都是华侨华人开设的。[1]

老侨来到越南的方式有两种：一种是陆路，一种是海路。走陆路来越南的华人，多半来自与越南接壤的中国边境地区，比如云南、广西一带；走海路来越南的华人，多半来自中国沿海省份，比如福建、广东、广西、海南等。这次考察我们幸运地访谈到了这两种老侨。

王叔是祖籍福建的第二代老侨，中文名字叫王奕谋，现在是胡志明市第三郡关帝庙的立案会长，在当地华人圈中德高望重，

1 相关数据大部分引用自覃翊：《当代越南华人社会研究》，《世界民族》2009年第2期。

我们都尊称他王叔。

王叔是泉州人，他给我们讲述了对泉州华侨来说很重要的一个地方——二府会馆的故事。二府会馆是由福建泉州和漳州两个地方的人联合在堤岸市修建的庙宇，到今天已有近300年的历史。下南洋的华人在海外站住脚之后，要做的头一件事就是修建庙宇。庙宇的修建经常是以州府为单位组织起来的，庙里供奉着妈祖、关公、土地公、观音菩萨等。这件事这么重要是因为，一方面，以庙宇为中心，漂泊海外的同乡侨民可以形成一种拟宗族结构，从而拥有心灵依托，获得精神凝聚力；另一方面，侨民们也会以庙宇为中心形成一种互助机制，有了庙宇就会有人捐钱，管理者会以庙宇的名义购买土地，建立华人医院、华人学校、祠堂、墓地等，一系列社会机制由此演化生长出来。

王叔说，各种华人会馆所统领的人群，在祠堂祭祖时，进行的是公祭，祭祀的就是本群体公认的最早来到此地的先侨，不再追溯他们在中国的家乡。公祭一般来说是以省为单位展开的，因为这样才能组织起足够大规模的人群。但是各家在自己家里进行私人祭祀的时候，可能会追溯到其在中国的祖先。这是个很有趣的意象，公祭的先侨象征着这个群体所认可的公共身份。先侨是群体公认的开山老祖，相当于这个群体在海外开辟出真正属于自己的天地——他们都会认同这个空间就是自己的这个侨居地，它甚至不再是“侨居地”，而就是自己的土地。但是，侨居地与祖先故乡在空间上的距离，并不会遮断血脉的延续，因为私祭会回溯到各家的祖先。于是，私人层面在时间脉络上有着另一条认同的线索，和故土有着千丝万缕的联系。侨居海外的人，就这样在空间和时间的交错中，确认并调适着自己的多重身份。庙宇和祠堂则是把这些时空线索联系起来的枢纽。

1946年，王叔的父亲为了躲避中国内战，带着妻子乘船来到西贡讨生活。1948年，王叔出生在西贡。王叔的父亲在越南逐渐打拼出了事业，一家人的日子过得颇为殷实。王叔小时候便在二府会馆旁边一所叫作西贡城志学校的华文学校读书，[1]这个学校允许贫穷子弟申请半费或免费读书。很多会馆都有相伴的华文小学和华文中学，学校里教中文和越南文，还有历史、地理、作文、自然、公民、常识、数学、物理等课程。中文课程使用的教材都是败退台湾的国民党当局编撰的，但要在当地使用，得经过南越教育部的审定。华文学校与当地越南文学校在课程设置上的主要区别在于历史和地理：华文学校的学生要学习中国历史和中国地理，以不忘故国；也要像越南学生一样学习越南历史和越南地理，以理解自己生活的这个国家。华文学校的老师是从台湾派过来的，

1 王叔得知我在写此书，特意把城志学校的校歌拍了照发给我。校歌的歌词古雅大气：“闽侨孕秀，越海钟英，弦歌远播，桃李盈庭，巍峨黉宇，鼓铸文明。礼义廉耻，是训是行，藏修游息，相得相成。为家之干，为国之祯，日新月盛，养正功呈，琦欤休哉，吾校光荣。”他又发来自述：“离开母校六十载，看越南西贡城志学校校歌歌词，回忆学生时代每逢周一早上，唱国歌、校歌，听每周校训，苏草堂校长，叶鸿照训导主任训词。往事已逝，世事多变。”读此校歌及自述，感慨天地不仁，以万物为刍狗，令人顿生慷慨悲怆之感。

学生毕业之后还可以到台湾去读大学。王叔在校学习用的字典是《四角号码字典》，他还现场给我们唱了一段四角号码口诀。我一边听着王叔的吟唱，一边有一种穿越感，这是这片土地上仅仅50多年前的历史，我却仿佛在触摸另一个世界。

王叔读书时，南越处在持续不断的战争中，经济上一塌糊涂，除了农业之外，主要依靠美国的援助和美军的驻军经济维持运转。王叔读完高中后，按说应该去服南越政府的兵役了，但他想法子进到银行工作，免除了兵役。

1975年，南越被北越统一，北越在南越开始了清洗活动，掌握着南越大量财富的华人群体被迫逃离。他们变卖家产，花令人难以置信的高价买船票逃去香港或澳门。穷人可能就作为难民留在那里，有钱人再由港澳中转去澳大利亚或北美。这群人构成了世界现代史上最令人心酸的群体之一——“船民”。

运气好的“船民”，能够顺利地逃走；运气差的，到了香港也无法登陆，只能漂荡在海上，很久之后才获得机会登陆，进入难民营。但还有运气更差的，就是像王叔一家这样的，好不容易坐上船逃走了，却在半路被越南海军截住，被赶回已经改名为胡志明市的西贡。但王叔一家还不算运气最差的，他说有一家邻居原本是西贡数得上的大富户，变卖了所有家产换成数千根金条，结果坐船逃走的半路被截获，不仅金条被全部没收，一家人还被赶回西贡。可是，他们在西贡的房子已经全都被卖掉了，他们便直接从上流社会的大富之家沦落为街头的流浪者。

王叔一家人被遣送回西贡之后，财产也所剩不多。王叔作为家里长子被迫下乡接受改造，5 年之后才得以再次回城。王叔只好重新奋斗，所幸终有所成。王叔的孩子们都很优秀，有的在越南做高级白领，有的已经定居澳大利亚。

1975 年之后，南越各个华人会馆附属的华人医院和华人学校都被政府解散，场地被政府征收，只有会馆作为宗教场所被保留了下来，不少会馆在 20 世纪 90 年代还陆续被越南政府认定为越南国家文化古迹。华文教育在 1975 年之后也都被禁止了，而老侨们不愿孩子们就此忘掉华文，便在会馆中悄悄地教孩子们华文。整整 10 年后，到了 1985 年，越南政府才允许成立新的华文学校，但这种学校比一般的越南学校只是多了一门华文课程，教学生们学汉语，不再有其他区别。可这种学校毕竟还是属于官办的正规学校，还有一些民办的华文学校，就仅仅是个语言学校，除了语言之外什么都不教。华文学校的师资只能由本地华人自己想办法，字典也改用《新华字典》，不再使用《四角号码字典》了。

但越南的华人会馆并没有因此沦为一个死的古迹，而仍然是活着的场所。对于越南的华族来说，确认自己的华族身份是很重要的，到庙宇里祭拜就是非常重要的一种确认方式。也就是说，会馆这种庙宇不会成为老侨当中年轻人日常生活圈子的一个基础，但是会成为他们确认自己华族身份的一个基础。然而，年轻人确认自己的华族身份，并不意味着他们会从政治身份上认同自己是中国人，他们就是越南人，只不过是越南的一个少数民族而已。

老侨们与先辈故土的联系可能越来越微弱了，但只要有这一座庙在，乡音就不会完全断绝。我们和王叔的访谈持续到中午才结束，年逾古稀的王叔像普通的越南人一样，戴上头盔，骑上摩托，在正午的赤道阳光下与我们告别。王叔的背影渐渐融入人潮，留给原地的我们无限唏嘘。

与王叔一家人从海路来到越南不同，廖子权一家人当年是通过陆路来到越南的。廖子权是祖籍广西的第三代华侨，现在是越南南部同奈省某民办华文学校的校长。

我们见到廖校长之后，他先带我们参观了一圈他的华文学校。这个学校仅仅教语言，就建在一座观音庙旁边，像是观音庙的一个附属建筑。这马上就让我想起王叔讲的关于华文教育的故事。廖子权所在的县有一万多名华人，现在有 4 所华文学校，几乎都是和庙宇相关的。管理庙宇的理事会和管理学校的理事会，在人员上高度重合。但实际上，廖子权所在的这个村刚刚建立不到 30 年，是随着人口扩张而形成的，观音庙也是在村子建起来后才修建的，看来华文学校与庙宇的共生关系已经成了当地的习惯。

廖子权祖上生活在中越边境的广西东兴，世代务农。东兴一带地势平坦，中越两国边界过渡得很自然。直到 20 世纪 40 年代，边民都还没有什么清晰的边界观念。自己土地上收成不好的时候，东兴农民就有稍稍南下寻找合适耕地的。廖子权的祖父就是这样来到了越南。但在那一辈人眼里，并没有什么出国的概念，只不过是到村子更南边的地方去生活而已。

之后过了没几年，越南这片土地上发生了一系列天翻地覆的大事。越南原本是由法国殖民者统治的，1940 年日本入侵了法属中南半岛，但当时正处于二战时期，法国在欧洲已经战败投降，新成立的法国维希政府是德国附庸，也是日本名义上的盟友，日本便在名义上与维希政府共治中南半岛。1944 年下半年，维希政府被盟军推翻，戴高乐掌权，法属中南半岛又变成了敌国的殖民地，日本便在 1945 年初打败了中南半岛的法军。战败的法军一部分投了降，一部分越境逃入中国云南。1945 年 8 月，日本战败，根据《波茨坦公告》的战区划分，法属中南半岛地区根据北纬 16 度线被划分为南北两个受降区，北部由中国受降，南部由英国受降。受降后一年内，英国、中国根据此前的协议陆续把当地统治权移交给法国，入越受降的中国军队撤回国内。之后便是胡志明领导的越南独立同盟会与法国殖民者之间持续多年的战争。1949 年，中国共产党在中国大陆取得了革命胜利，国民党主体退往台湾，一部分国民党军队则退到了越南。到 1954 年，法国殖民政府承认战败，签订了《日内瓦协定》，规定以北纬 17 度线为界，越南被暂时划分为南北两部分。北部成立了由胡志明领导的越南劳动党执政的越南民主共和国，南部则由越南末代皇帝保大帝统治。1955年，保大帝的首相吴庭艳在美国的支持下发动政变，废黜皇帝，成立越南共和国并自任总统。之后，北越与南越之间持续了20年的战争，南越内部也经历了几次政变，直到1975年北越才统一了南越。

在这样的历史大潮中，小人物根本无法把控自己的命运，廖子权的祖父及家人的命运就在这大潮中起起伏伏。

一开始，老廖先生在越南北部种地。各种政权——法国、日本，甚至中国接收军——来来往往，华人可能会有一时的低眉顺目或扬眉吐气之别，但就日常生活来说，不会有太大变化。

中国大陆的共产主义革命成功之后，老廖先生耕种地方的附近进驻了一支国民党败军。这支军队可能一直不服气地望着北面，想着有朝一日能再打回去。但它毕竟驻扎在别国土地上，只能接受法国殖民政府的要求，配合法军与胡志明的越南独立同盟会作战。同时，它也积极地积蓄实力，收拢未来可用的力量和民众，老廖先生就这样被这支国民党军队统合起来。没料到，过了几年，法国就战败了，北越的共产主义革命也成功了。那支国民党军队不仅反攻无望，甚至连这个暂居地都待不下去了，只好继续迁移到南越，老廖先生也就跟着大军南下。

刚到南越没多久，就发生了反对吴庭艳的政变。吴庭艳需要一支有战斗力、在当地又没有根基从而易于控制的军队，来帮助自己平定反对力量，这支国民党残军自然就被他收拢在旗下。但在反对力量被扫平之后，该如何处理这支国民党军队成了难题，毕竟这是一支外国军队，吴庭艳不敢让它长久保持强大的战斗力。于是，在南越政局稳定之后，吴庭艳便将这支军队解散，分散安置，让这些人就地务农。老廖先生就被安置到了同奈省一带的乡下，家族在当地繁衍到今天。后来越南进行民族识别的时候，问他们是什么人，他们都自称是务农的，于是被登记为“侬族”。所以，今天在越南的老侨华人不仅仅包括“华族”，还包括其他族群。

廖子权的家族就是在这样跌宕起伏的历史中默默地生存着，通过庙宇和华文教育，努力传递着关于自我身份的记忆，同时以此为中介，积极地融入越南社会。

我去采访廖子权的这一天，正赶上盂兰盆节（即中元节），这在笃信佛教的越南是个大节日，胡志明市的各大寺庙都热闹非凡。廖子权所在的这个村虽位置偏远，人口不多，但观音庙里也做了认真的布置。庙门摆好贡品，两排香烛夹住一条从庙门通往庙侧祭台的、由纸钱铺成的贡路，纸钱上的图案以美元为主，也有越南盾，贡路上还放着各种贡品。有法师在贡路旁的桌子上写着法帖，吹着号角，还有两个法师坐在祭台上用我听不懂的语言高声诵经。我后来打听了一下，他们说的是客家语。庙宇的理事同时也是学校的理事，他们都聚在庙宇的小院子里。

过了一会儿，一辆中巴车开了过来，鱼贯而下 20 多人，他们都有说有笑的。庙里鼓乐大作，理事们都站起来迎接。廖子权告诉我，这些都是附近村里的盲人，在盂兰盆节到庙里来领取免费派送的米粮油。

我问他："这些米粮油都是从哪里来的？"

他说："都是平日里各种香火钱积攒下来买的，盂兰盆节用来救助穷人。"

"是仅限华人才可以来领吗？"

"不是的，任何人都可以来，跟民族无关，来的甚至主要是越南的主体民族京族人。"

"那么，京族自己的寺庙也会这么做吗？"

"是的，京族寺庙也会救助穷人，任何民族的人都可以去。我们在当地是不区分什么民族的，都是百姓，哪有那么多分别。"

老侨已经真正融入当地社会，但是老侨与新侨之间的关系有些出乎我的意料。在 20 世纪 90 年代初期，台湾人和大陆人陆续来到越南投资的时候，普遍面临着语言障碍。老侨就成了新来的华人与越南社会之间的一个重要中介，他们以翻译的身份，帮助新来的华人较快地在越南打开了局面。

然而，老侨毕竟是已经在越南生活了几代的人，他们对自己的身份认同首先还是越南人，或者再具体一点，是具有华人血统的越南人。他们与新侨之间的认同感，并没有我想象的那么深，这也是完全可以理解的。毕竟，真正的认同感，是需要通过共享的日常生活空间形成的。老侨与当地人之间有这种共享的生活空间与历史，与新侨则很少有这方面的共性。王叔和廖子权都还有着对于故土的某种情结，近年来都曾回到中国大陆认祖归宗，但是年青一代的老侨，则更多的是以一种外国人的身份来理解自己与中国的关系了。

新侨与老侨，这新老两次“下南洋”，都充满了让我感动的故事。

我们过往看待中国与世界的关系的眼光，太过聚焦在国家政策和大规模项目这些宏观层面上，而欠缺对于微观层面的“人”的关注。如果中国在世界上只有那些大的政策和项目的话，随着政策的变更和当地政权的更迭，中国在海外的影响力就有可能消散掉。只有通过庞大的海外中国人群体与当地社会的紧密结合，中国的“走出去”才会拥有一个稳定、长远的根基。海外中国人的存在，在某种意义上构成了中国与世界相互联系、相互融合的坚不可摧的底层河床。河床往往很难为人看到，但它规定了表层的河水会怎样翻腾。

海外中国人群体首先是通过贸易将中国与当地乃至与世界联系起来的，中国与世界相互联系与融合的底层河床，也在贸易过程中逐渐演化生长起来。在海外的一系列考察，让我们不由得进一步追问，通过这样一个日益庞大的海外群体的活动而不断生长的河床，对于国际秩序而言究竟意味着什么?

这个问题，让我想起中世纪欧洲的一系列商人秩序，正是这些商人秩序孕育了近代世界秩序的一系列规则，但这些母体在近代世界秩序中被遮蔽了。随着技术和经济的演化，我们可以看到世界秩序的一系列演化，商人秩序在新的世界秩序中，可能会起到和之前很不一样的作用。今天，我们是否走到了又一次历史循环的门口，商人秩序是否会再度站到历史的前台呢?

第七章

新汉萨同盟

一 经济空间与政治空间的分离 一

前面的篇章以越南为问题切入点，从宏观和微观两个层面透视了中国、整个东亚乃至东亚制造业集聚区与全球经济秩序之间的共生演化逻辑。

通过这一系列探讨，我们看到，冷战秩序先是促成了东亚海洋地区的制造业成长，东亚铁幕在两边造成的势能差形成了一系列特殊条件，进而刺激了中国大陆在改革开放初期的经济增长。到 20 世纪 90 年代后期，美国进入新一轮的创新经济，产生了生产流程大规模外包的需求。承包方必须有庞大的供应链网络才能够承接起这种大规模外包的任务，而中国的经济节奏刚好和这样一种全球大势形成共振，开始迅猛增长，并反过来重塑了整个东亚世界的经济秩序乃至全球的经贸循环结构。

这一系列演化进程发展出一些重要的新趋势。就本书的研究视角而言，其中最值得关注的一个趋势是，这十几年来，商人秩序推动的经济空间与国家主导的政治空间日益分离。我们过去近乎本能持有的、以政治空间统摄一切问题的封装式思维，已经无法适应新的时代了。

经济空间与政治空间分离背后的动力机制，是技术的发展、公司组织逻辑的变化以及制造业逻辑的演化。

先来看技术的发展。信息技术的发展压缩了时间和空间，各种分隔性的边界都被穿透，相隔千里、从未见过面的人可以是每日在线上互动的好友。但是，一种新的分隔性边界会由此浮现——住在隔壁的人，由于不在同一个网络圈子，有可能根本就不认识。远在中东“伊斯兰国”制造的暴行，可以在新西兰激发出可怕的暴力屠杀。两场屠杀相隔千万里，却在同一个网络空间上被人注视，甚至被现场直播。但是，还有很多人沉浸在其他的网络空间中，对这两个事件都所知甚少；还有很多不上网的人和上网的人又处在完全不同的次元里。我们过去所熟悉的边界和共同体观念，都已经失效了。

这还仅仅是从社交媒体的角度来说，实际上，信息技术对于传统边界的穿透是全方位的。各种各样的数据在不断地跨边界流动，在某种意义上，数据是信息技术的核心资产，它对应着一系列全新的经济逻辑、金融逻辑、财政逻辑、文化逻辑乃至政治逻辑、安全逻辑。而网络时代的头部效应让各种数据越来越集中到几个大公司手中，这些公司对世界的影响力不仅是商业上的，而且在政治上也有了史上前所未见的影响力。但大公司彼此之间的数据可能处在一种隔离状态，这就会造成一种过去想象不到的新边界。

于是，传统的物理性边界的意义丧失了，新的边界是非物理性的。但是，这种新边界是随时在变形的，随时易于以我们想象不到的方式再被穿透。而主权国家恰恰是以物理边界为基础来确定一系列国际法权安排的，随着物理边界意义的大幅丧失，既有的国际法权安排的意义也将大幅丧失。

所以，随着技术的变迁，政治与经济、商业之间的边界变得越来越模糊。过去的国际公法基本上是不关注那些大公司的，但是未来，这些大公司越来越需要被纳入一种国际公法的规范当中，甚至国际公法本身也会在这个过程中被重新定义，它和国际商法的边界会越来越模糊。可是，新的国际法权该如何生成？国家在其中能起到的主导性作用显然会变得越来越有限，因为现实中的经济空间和国家所能主导的政治空间越来越像是两个次元的存在。

再看公司组织逻辑的变化。跨国大公司的组织逻辑越发复杂，不仅脱离了国家政治空间的约束，甚至经常利用政治空间的分隔性来套利。比如，2017 年披露的一些文件表明，美国的苹果公司利用爱尔兰的一些特殊税收政策进行了一系列巧妙的公司架构设计，形成复杂的国际税务安排，把公司绝大部分的现金（2017 年已达 2520 亿美元）放在爱尔兰和一些离岸的避税天堂，根本不放在美国。苹果公司的避税架构同时避开了爱尔兰 12.5% 和美国 35% 的公司税，并使它在海外很少缴纳超过 5% 的海外利润税，在某些年份，这个数字甚至低于 2%。据欧盟委员会计算，苹果公司的一家爱尔兰分公司在某一年的税率仅为 0.005%。[1] 基于这种财务安排及一些法律逻辑，苹果公司现在已被统计为爱尔兰最大的公司，尽管它在爱尔兰没有开设一家专卖店。爱尔兰的这种税收政策让欧盟很恼火，认为这会让企业无法在欧洲得到平等待遇。欧盟在调查后要求爱尔兰改变税收政策并向苹果公司追讨 130 亿欧元（约合 139 亿美元）的税款。爱尔兰则不愿改变自己的政策，希望以此吸引更多企业将现金存放过来。[2]

苹果公司的做法并不是孤例，实际上，国际大公司普遍都会通过一系列复杂的公司架构设置形成这样的财务和税务安排，把大部分现金放在海外的避税天堂，就算美国对此很恼火却也无法解决。比如，彭博通讯社在 2017 年做的一份统计显示，苹果将 93.3% 的现金放在海外，微软放了 97%，思科是 95.7%，强生是 98.6%，通用电气是 41.9%，高通是 92.9%，可口可乐是 87.3%，百事可乐是 96.9%，英特尔是 58.9%，亚马逊是 33.1%。[3] 公司组

1 《“天堂文件”披露苹果公司避税新办法》，https://www.bbc.com/zhongwen/simp/business-41896465。

2 《苹果在爱尔兰避税内幕：成立无员工子公司转移利润》，https://tech.qq.com/a/20161218/003305.htm。

3 这里只引用了中国人相对熟悉的一些大公司，更多数据见：Laurie Meisler，“The 50 Largest Stashes of Cash Companies Keep Overseas”，https://www.bloomberg.com/graphics/2017-overseas-profits/。

织逻辑的这一系列变化，会让有能力做如此安排的大公司获得一系列不对称的竞争优势。现有的国家政治空间一方面无法应对这类问题，另一方面在以各种方式催生着这类问题。经济空间和政治空间不仅日渐分离，还形成了一系列极为复杂的套利关系。

最后，再来看看制造业逻辑的变化。基于前几章的讨论，我们已经可以定性地得出以下几点结论。

第一，在不出现具有实质意义的新技术跃迁的前提下，中低端制造业会终结在东亚地区。其中，重化工业大致终结在中国；电子技术产业大致终结在北起日本海、南抵南海的环“亚洲地中海”地区，这个地区拥有庞大的供应链网络以完成相关生产，而中国因其规模会始终是供应链网络的重心所在；信息产业，就其硬件制造部分而言，可以大致理解成电子技术产业的某些衍生分支。

第二，就电子技术产业而言，环“亚洲地中海”诸国有着高度密切的分工合作关系，而且，这种分工已经进入工序层面。各国在同一类产品的不同工序上有不同的比较优势，这类产品在生产流程上是一种跨国性的存在，这是过去从未有过的现象。再考虑到作为电子技术产业之基础设施的重化工业终结在中国，这就意味着中国与东南亚各国在更多层次上的工序分工（横向的工序分工与纵向的产业梯次分工）和制造业的生产流程就进一步成为穿透国界的存在。信息产业的跨国性穿透全球各国层面，生产流程的跨国性主要穿透环“亚洲地中海”诸国边界，共同构成对国界的挑战。

第三，在这种背景下，跨国大企业需要淡去自身的国籍属性，更多地聚焦商业性，从全球市场、从纯商业的角度出发，来考虑全球布局问题，以及在不同国家和地区采取不同的适应性策略的问题。一个基本原则便是，要回归到“政治的归政治，商业的归商业”的状态。

第四，支撑这一系列新的经济逻辑的微观基础是具体的人。环“亚洲地中海”地区在“人”的层面上也已经高度相互依赖，各种发展机会都是在不同国家和地区的人的多重互动过程中演化出来的。民族主义构造出的那一系列“民族致密体”的迷思、各种封装式思维需要被突破，人们要形成更加开放、自由、包容的心态，而能率先形成观念突破的群体，极有可能出现在这个高度跨界互动的人群当中。相应地，对这些人来说，相关各国在就业政策、移民政策、投资政策、法律、教育等方面，都需要有新的逻辑跟上。

技术、公司组织和制造业生产流程层面的经济空间，都在与政治空间日益分离。但是全球经济治理机制仍然是以国家为主体运行的，无法匹配这种新的发展趋势。

我们很熟悉的三大国际经济组织——二战之后成立的IMF、世界银行、WTO（前身为关贸总协定），基本上是把凯恩斯在一战后的主张变为现实，突破了狭隘的民族主义视野，从远超单个国家之上的全球经济空间的高度出发来规划世界秩序的底层基础的。但是，具体在操盘这三大机构的是国家，而经济运行的真正细胞——商人，在里面的发言权很有限。甚至在达沃斯论坛这样旨在研究和探讨世界经济领域问题的非官方国际性组织中，真正的主角也是国家，商人的地位还是像配角。这些都造成了治理主体与治理对象的错位。

冷战时期，一方面，政治问题在排序上具有最高优先级，商人秩序必须被置于次一级地位；另一方面，各国之间虽然有产业分工，但是在经济上的相互渗透还远没有达到今天这么深的程度，国界在经济问题上还是有一定意义的。所以，在当时，治理关系上的错位还不是太大的问题。到了后冷战时期，一切都变了。一方面，政治问题的排序优先级大幅下降，经济问题在今天就是政治问题。另一方面，随着技术、公司、生产逻辑的变化，国界在经济问题上的意义大幅下降。如此一来，治理关系上的错位就是必须要回应的问题了。

不仅如此，这些全球经济机构还面临着多边组织普遍会面对的一些困境。

第一，多边组织会面临权力与责任不对等的困境。多边组织中有大国也有小国，小国天然有进行多边外交的渴望。这是因为，在双边外交中，小国面对大国时的谈判地位非常不利；一旦进入多边外交，大国的优势地位马上会被多边的结构约束住，小国就可以大大改善自己的不利地位。但问题正出在这里。多边组织的民主特征是要靠投票来呈现的，可小国的票数和它们在国际秩序中的利益相关性并不成比例，大国的利益反倒无法在多边组织中获得恰当的表达与实现，于是大国会有杯葛多边组织的冲动。近年来，我们在国际政治中已经看到了大国的一系列杯葛之举，权责不对等困境是它们如此行动的重要原因之一。

第二，多边组织难以表达连贯的价值观，这个困境可能更麻烦。由于多边组织中成员国的价值观多种多样，各国对什么才是正当的国际秩序有着大不相同的理解，进而对具体议题投票时，所依从的原则也会大不相同。并且，每个国家都会有多重利益关切，在不同的议题上，同一个国家的投票原则也可能会发生变化。这就使多边组织的投票结果经常并不反映人们的价值判断，而只不过是一种偶然的利益组合。这样一来，多边组织虽然在宗旨上会有价值承诺，但在事实上放弃了这种承诺；多边组织在名义上是国际行为正当性的来源，但它在处理具体纠纷时的中立性和正当性会遭人质疑。这就令大国更想杯葛它，小国也会在利用这个平台的同时嘲弄它。

这些困境都使得多边组织有着一种自我否定的特征，再加上技术、公司组织和制造业生产逻辑的变化，更加让当今的全球经济治理机制踟蹰难行。

基于对近年来经济逻辑的观察，我们会发现，公司和人都是在一种超国家的空间，更准确地说是非国家的空间中活动的，它们会进入一种“无法”状态。所谓“无法”，是指它们活动的经济空间处于一种法权秩序缺位的状态，商人们找不到可以依托的国际法上的权利主体。新的经济逻辑下的公司和人，都需要一种能够被广泛接受的超国家 / 非国家的规则系统，但是今天的全球治理机制无法提供这种规则系统。公司自身在相关方面也许可以有所作为，但迄今为止它们还没有展开太多有效作为，公司和人都悬置在“无法”状态。

如何让这些“无法”的存在获得国际法权的形态，是当今的国际秩序需要解决的一个重要问题。我在第四章提过，人类的秩序演化史长期以来都是由商人秩序和政治秩序缠绕着共生发展的。政治秩序力图覆盖商人秩序，这种努力在近代似乎一度成功了，但实际上只不过是商人秩序被遮蔽了。随着技术、公司和生产逻辑的不断演化，到了今天，这种努力真正显示出力有不逮的问题。所以，我们可以做一个大胆的想象，也许，我们今天已经走到了一个新的历史节点上，商人秩序、商人法应该重回国际法权体系的前台。

咨诸历史我们会发现，这种想法并不是多么新鲜。在近代以前，很多地方的商人秩序原本就是活跃在国际法权体系的前台的，中世纪欧洲的汉萨同盟就是非常典型的例子。同时代的中国也有强劲的海上商人力量在活动，但由于当时的中国与欧洲在政治秩序上差别甚大，两边商人秩序的逻辑也大不相同。在近代，欧洲的秩序覆盖全球，并改变着东亚的政治及经济逻辑。到了今天这种深度全球化的时代，技术、公司与制造业的变迁是否有可能在东亚地区推动一种新的商人秩序的浮现呢?

要把思路进一步打开，也许我们需要回溯历史，到历史中寻求智慧，看看当年欧洲的商人秩序是如何形成又如何演化的。我在《枢纽》一书中坚持一个基本主题：历史学才是未来学。只有理解既往的演化逻辑及其动力机制，我们才能辨识清楚当下的所在，并有依据地构想未来。

所以，为了更好地构想未来，我们经常需要回顾历史。

— 1367 —

1367年，元至正二十七年旧历十月，燕山脚下大都（今北京）城里已然朔风阵阵。但对朝廷来说，最大的冷风不是来自北方草原，而是来自长江边的应天府（今南京）。江淮地区的农民起义已经持续十几年了，朝廷始终压不下去；最强悍的一股起义势力占据了应天府，攻灭了周边群雄，现在居然发布了一份《谕中原檄》昭告天下。

檄文开篇有云，“自宋祚倾移，元以北狄入主中国，四海以内，罔不臣服，此岂人力，实乃天授”。承认大元朝奄有四海，实乃天命所归，也承认元朝帝国初起，“君明臣良，足以纲维天下”。但话锋随即一转，又云百年之后，君昏臣乱，合当天命流转，“当此之时，天运循环，中原气盛，亿兆之中，当降生圣人。驱逐胡虏，恢复中华，立纲陈纪，救济斯民”。檄文一发，便有大军北上，大都的朝廷被迫北逃塞外。1368年正月，朱元璋在应天府登基称帝，建立大明。

就在《谕中原檄》昭告天下的前一个月，欧洲大陆西北部的科隆城里，77个城市的代表刚刚召开大会，订立军事同盟。这些城市都是商业城邦，其中商人的主力都是德意志人。但德意志在当时还仅仅是个地理概念，我们今天所说的德国要到500多年后才会形成，所以这些城市并不是从属于哪一个帝国或王国的，即便有从属关系，也多是形式上的。实质上，各个城市都有非常大的自治权。遍布欧洲北部的德意志商人的贸易活动已经持续了200多年，这些商人在1282年结成了一个同盟，后称为汉萨同盟——“汉萨”是日耳曼语“集团”的意思。到1356年，汉萨同盟从商人间的同盟发展为商业城市间的同盟。

加入汉萨同盟的商人散布在横跨波罗的海和北海的广大空间中，他们的足迹东到今天俄罗斯的诺夫哥罗德，西到英国伦敦，北到挪威的卑尔根，南到今天比利时的布鲁日。汉萨同盟在这个广大空间中建了四大商站，以及大量的中小型商站，商人们穿梭其间做着大宗商品贸易。联系波罗的海与北海的咽喉地带由日德兰半岛扼守着，当地的统治者丹麦国王眼红汉萨同盟的财富，靠武力占领了几个关键城市，打算强行吞并汉萨同盟的贸易。汉萨同盟在与丹麦国王的几次战争中都吃了大亏，遂在1367年召集大会，从单纯的经济同盟发展为经济－政治－军事同盟。商人们联合起来，赋予同盟以宣战与媾和的权力，并与瑞典建立联盟，装备军舰，筹备给养，建立公共金库，要与丹麦国王进行决战。

经过几场大战，汉萨同盟联合舰队不仅击溃了丹麦海军，还在陆地上占领了丹麦全境。但商人们的目的并不是成为丹麦的统治者，而是获取贸易特权。丹麦国王在王国国会的强迫下，于1370年在汉萨同盟的一个重要城市施特拉尔松与同盟签订了《施特拉尔松协定》，全面承认汉萨商人的各种特权。商人们由此获得了完全的海陆贸易自由，以及在连接波罗的海与北海的海峡的自由通行权。此后，汉萨同盟进入了持续近200年的全盛期，欧洲北部的海洋和城市进入一种由商人主导的秩序。汉萨同盟公认的中心城市吕贝克的城门上刻着一行字：城市的空气使人自由。

就在《施特拉尔松协定》签订的同一年，远在应天府的明太祖朱元璋下令“罢太仓黄渡市舶司”，迈出了大明海禁的第一步。此后，海禁的要求越来越严格，最终发展到“寸板不许下海”。

在这一系列有象征意义的对比中，我想谈的并不是东西方历史的分岔，而是历史上商人秩序与政治秩序的缠绕。

— 人与法 —

先以汉萨同盟为切入点，回顾一下商人秩序的历史。

汉萨同盟的基础不是什么帝国雄心，而是具体的“人”——一个个商人、市民。虽然它后来发展成商业城市间的同盟，但这种商业城市并不是自上而下的管理机构，而是商人们形成的自治机构。所以，在政治面相上，我们看到的不是顺从的臣民，而是活跃的市民。汉萨商人遵从的法律，则是在他们长期的商业活动中逐渐演化形成的。

德意志商人[1]在北海—波罗的海一带的活动可以追溯到11世纪。到12世纪后期，欧洲北部逐渐发展起远程贸易，相距较远的地方开始互通有无。比如，今天的瑞典、挪威所在的斯堪的纳维亚地区需要谷物，而今天的比利时、荷兰所在的弗兰德地区需要

1 汉萨商人的主体是德意志商人，但在德意志商人结成汉萨同盟之前，他们还无法被称作汉萨商人。

羊毛、蜂蜡、毛皮，斯拉夫地区需要工业制成品等，就会有商人开始经营相关的贸易。这些商品都不是奢侈品，利润并不丰厚，商人们只能靠贸易规模来确保利润。而单个商人是无法进行大规模贸易的，商人们就有联合起来的必要。

不过，那个时代的北欧并不是今天这样的理想天堂，商人们面临的是不安全、不自由的环境，在经商途中可能会面临各种未知的风险，比如，恶劣难行的陆上交通，变幻莫测的海上天气，海陆上都可能存在的拦路盗匪，以及沿途无数封建领主的繁重捐税。这些现实状况要求商人们必须团结起来，因为这样他们才有可能抵御风险，把生意做下去。而要团结起来，就得有大家公认的行为规则。并且，这些规则只能是大家共同磨合出来的，不能是由谁自上而下规定的。否则，这种合作就只能是被动发起的，而不是主动的选择，团结互助这个事情也根本走不远。

波罗的海中部、今天归属瑞典的一个小岛——哥特兰岛，地处海上航线的中心位置。早期的德意志海外商人们就在这座岛上建起一个小城维斯比，把它作为中枢，彼此宣誓互助，组成了一个商人委员会。随着贸易规模日渐扩大，需要更加成体系的互助机制来协调和组织海外商人。到 13 世纪后期，商人委员会发展为汉萨同盟，德国北部商业城市吕贝克崛起为汉萨同盟的牵头者。

汉萨同盟就是这样基于微观层面上长久的商业过程，自下而上地聚合起来的。它的组织机构极为分散，却在商人们的长期合作、互助、互动过程中磨合出属于自己的法律。“汉萨同盟用其超越国界的商业成就证实了，在没有国家和君主存在的领域，商人也可以用其自身的力量建立正义和秩序的共同体……同盟内部纠纷的解决和同盟法律的发展完全是一个自治的过程。”[1]

汉萨商人们每到一个城市开展贸易，就会组建起法庭，以便裁决各种纠纷。法庭所适用的法律，有两种来源。

一个来源是商人们在长期的跨区域商业活动中形成的通用商事习惯法。商事习惯法的适用范围会延伸到汉萨同盟在外国设置的商站。对外国君主来说，这些商站像是一个拥有自治法律地位的租界，商人们在那里拥有贸易特权。今天我们一说到“特权”，通常都是指各种盛气凌人、不遵从法律的行为，但在中世纪的欧洲，“特权”仅仅是指在某个领主的地盘上，一个群体被授予的一种专属法律权利。商人特权意味着他们获得了可以在当地自由经商且法律自治的权利。[2]

外国君主之所以授予商站法律自治，是因为这对君主自己有好处。商事习惯法的适用能够让商人放心地开展贸易、扩大贸易

1 张玲玉：《没有国家的正义：汉萨同盟的法律与实践》，《兰州学刊》2010 年第 12 期。
2 比如，1215 年的英格兰《大宪章》中规定，“所有商人为了买卖的目的可以安全地出入、逗留以及由陆路和水路通过英格兰，按照古老公正的习惯，他们可免交法律上的捐税”。再比如，英国要为贸易中心城镇中的“异国商人”提供保护，在 1353 年的《贸易中心城镇法》中规定，每个贸易中心城镇的商人及其仆人和家庭成员，“在所有涉及贸易中心城镇的事情上都应该由商法支配，而不是由国家的普通法支配，也不是由城市、自治城市或其他城镇的习俗支配”。转引自［美］哈罗德·J. 伯尔曼：《法律与革命：西方法律传统的形成》，贺卫方、高鸿钧、张志铭、夏勇译，中国大百科全书出版社 1993 年版，第 417、422 页。

规模，反过来商人会给当地君主一系列财政支持。比如，在英法百年战争（1337—1453 年）中，英国国王急需经费，德意志商人及时提供援助，英国国王便授予其特权。

汉萨法庭适用法律的另一个来源是各城市的城市法，尤其是那些中心性的城市（如吕贝克）的城市法。来自两个不同城市的汉萨商人做生意时，可能会采用它。城市法也不是君主制定的，而是在市民自治、市民与领主的博弈过程中形成的。随着汉萨同盟长期进行的海洋贸易而演化形成的海商法，更是直接影响了后世海商法的形成。

总结一下就是，无论汉萨法庭所适用的是何种法律，都有这样的特征：基本上不是由君主制定的，都是商人们在长期互动中磨合演化而成的。

汉萨同盟还有自己的管理机构。1356 年，汉萨同盟召开了第一次全体大会，形成了汉萨议会。汉萨议会的代表一般都是各个城市的市政机构成员，15 世纪后，代表越来越多地由法学家担任。汉萨议会是同盟内部的最高权威，对同盟的重要事务做出最终裁决，包括商业章程、与外国统治者的协议、战争问题、财政问题、成员资格问题等。

汉萨议会还会调解城市间的纠纷，并且明确规定，议会的调解就是最终裁决，相关城市不得向封建领主上诉，否则就会被汉萨同盟制裁，制裁的方式包括罚款、被同盟开除等。这是为了把领主的影响力尽可能排除在商业城市的自治空间之外。一旦哪个城市被开除，它的商人就无法到别的汉萨同盟城市做生意，也无法再享有汉萨商人在其他地方享有的商业特权。这种制裁是相当严重的，所以商业城市通常会做出让步。

不允许向封建领主上诉，在特定意义上可以被理解为不允许上诉到官方机构，[1]这是民间自生秩序的一个基本原则。只要上诉到官方机构，自生秩序本身的自治性就被打破了。然而，自治空间有一种内生性的衰败危机，如果涉及的利益足够大，争讼中失败的一方是有动力引入第三方（通常也就是国家）的强大力量的，这种第三方的介入会打破自治空间的自主性。

但人们对自主性的追求不会因此丧失。于是，在我们通常看不见或者过去想不到的方向，会浮现出新的自治空间。在汉萨同盟后来的发展中，我们能看到这种衰败逻辑，但又可以在更大的历史格局中看到新的自治空间的生长。

中国的海商则没有汉萨商人的那种历史机运，因为中国更多地走上了政治秩序遮蔽商人秩序的路径。要注意的是，政治秩序和商人秩序的关系是“遮蔽”与“被遮蔽”，商人秩序本身并没有

1　我在这里所说的“官方”的意涵，可以大致用马克斯·韦伯对“国家”的定义来理解，“国家是这样一个人类团体，它在一定疆域之内（成功地）宣布了对正当使用暴力的垄断权”。（［德］马克斯·韦伯：《学术与政治：韦伯的两篇演说》，冯克利译，生活·读书·新知三联书店 2005 年版，第 55 页。）对应地，民间自生秩序并不排除使用暴力，但民间的暴力使用并不拥有垄断地位，而只能是在多元主体之间进行博弈。

消失不见。虽然明太祖推行了海禁政策，但民间的海外贸易需求仍在，朝廷的政策和民间的现实活动就走上了分岔的路径。

“被遮蔽”的一个表现是，民间海外商业力量经常落入被朝廷污名化的命运。海商被污名化的最有名的例子，就是明朝中后期的“倭寇”。倭乱令朝廷大为头疼，屡剿不绝。原因就在于，倭寇的主体并不是日本海盗，而是亡命海外的中国商人，他们与大陆地区有着千丝万缕的联系，是商人秩序的一种极度畸形化的存在。

这些商人原本的主要贸易据点有福建漳州南部的月港——那里是明朝民间与东南亚最主要的走私贸易据点，以及舟山群岛的双屿港——那里靠近大明最为富庶的江南地区。葡萄牙人在 16 世纪来到中国之后，便以双屿港作为活动基地。适逢 1540 年以后，日本的白银大规模流向中国，双屿港就成为中国、葡萄牙、日本等商人聚集的国际交易港。这些地方的民间贸易相当发达，将中国南方经济与刚刚开始大航海的世界经济联系起来。[1]

这样发达的民间贸易必定有着相当程度的自治秩序。因为走私贸易本就处在非法地带，如果没有一定的自治秩序，连最基础的信任都无法形成，走私商人就会陷入囚徒困境，他们的最优选项就不是合作走私，而是抢先告发以便拿到赏钱，走私根本没法持续下去。以双屿岛上遍布的妈祖庙、天妃宫等打造出的海商们

---

1 ［日］上田信：《海与帝国：明清时代》，高莹莹译，广西师范大学出版社 2014 年版，第 196—205 页。

共享的道德空间，是自治秩序存在的象征。

但在明朝嘉靖年间中后期，走私港口陆续被朝廷派兵袭击剿灭，昔日繁荣转眼成为一片废墟。海商无处可去，只好投奔已在日本成为霸主的大海商汪直。汪直及一系列类似的人物开始了大规模武装走私，这与武装劫掠的边界并不是那么清晰，遂有了“嘉靖大倭乱”。汪直被朝廷擒杀之后，没有一个大头目来节制下面的海商，倭乱便愈演愈烈，东南几无宁日。直到隆庆年间，朝廷认识到“市通则寇转而为商，市禁则商转而为寇”，开放海禁后，倭乱无须费力去剿，很快便平息了。

这些海商无论在贸易层面还是军事层面，都已经主导了整个东亚海洋，甚至节制着来到这里经商的西方人。但他们能否拥有合法身份，是受制于朝廷的政治意志的。商人自治秩序始终会面对朝廷的压力，没有机会可持续地发展起来。

海商的污名化身份直到明末才摆脱掉。这源自一个人，他是朝廷栋梁，受封“国姓爷”——这个人就是郑成功。郑成功的家族是当时东亚海上世界的绝对霸主，但他能够一举摆脱污名，并不仅仅是因为他致力于反清复明，更在于当时东亚大陆在政治空间上出现了多元竞争结构——明清之间的激烈搏杀让挣扎续命的南明急需海上力量的支持。否则，郑成功的政治命运走向也未可知。

等到大清底定天下，大陆上政治空间的多元竞争结构终结，海商的地位再次急速下降。郑家在台湾成了大清的心腹之患。为了消灭郑家，大清不惜颁布“迁海令”，将民众迁离大海30—50里，严禁民船私自下海贸易。犯禁者不论官民，一律处决；货物入官，犯人家产全部赏给告发人；地方文武官一律革职，从重治罪。虽然在灭掉郑家、收复台湾之后，康熙重新开放了几个口岸通商，但是到了乾隆年间中期，在将新疆收归版图的同一年，朝廷又下令将通商口岸削减到只有广州一处，并且唯有十三洋行可以合法对外通商。

这一系列政策逼出了大量新的走私商人和海盗，他们在东南沿海一带横行。到了嘉庆年间，最富传奇性的大海盗出现了，就是今天在华南地区民间传说里仍然赫赫有名的郑一、郑一嫂和张保仔。[1]郑一的海盗家族自称是郑成功的部下，但他们以及其他海盗只是在广东海面上小打小闹。直到18世纪末，越南内部改朝换代，华南海盗们才迎来机会。越南新成立的西山政权需要海军巩固自己的统治，华南海盗就成了雇佣兵，并被授予越南官军头衔。华南海盗经过越南国内多场战争的考验和训练，战斗力比之前提高了一个档次。等到1802年越南再次发生政权更迭，他们被迫离开，回到广东海面后，便成了清朝的心腹大患。

在郑一的主导下，海盗们在1805年组成了海盗联盟，分成六大帮派，联合出海，按协议分赃——秩序也成型了，可惜不是建设性秩序。郑一去世后，郑一嫂成为海盗联盟的主导者，并嫁给

1 参见［美］穆黛安：《华南海盗：1790—1810》，刘平译，商务印书馆2019年版。

了郑一的养子张保仔，海盗联盟继续纵横华南海上。在巅峰时期，海盗联盟有7万多人，个个骁勇善战，还有2000多艘船，火器精良，控制了整个广东沿海的航行、贸易和渔业，连欧洲人都不得不为安全问题和他们谈判。大清发现自己根本没法剿灭这群海盗，最终在1810年对他们进行了招安。郑一嫂被封为诰命夫人，移居澳门，颐养天年。郑一嫂的故事甚至进入了西方文学界，好莱坞电影《加勒比海盗》中都有以她为原型的角色。

由此可见，清朝海盗联盟的崛起依赖与越南陆地政权的合作。海盗们在传统的中国王朝地域之外，找到了一种多元竞争性的政治空间。陆地政治上的多元竞争，为海洋秩序打开了生长空间。

对比明清的状况，我们会发现一个有趣的现象：明朝的汪直、郑芝龙、郑成功等大海商在海上担负着远距离交易的角色，为跨国境的交易增添了活力，海盗并非他们的主导身份；而张保仔、郑一嫂的海盗联盟是对远距离交易的商船发动攻击，导致海上交易陷入停滞，海盗才是他们的主导身份。[1]

之所以会有这种差异，一方面是因为，清朝并未像明朝前中期那样完全禁绝海上贸易，从而为合法海商留下了一些生存空间；另一方面是因为，清朝的海盗联盟是在与越南政权的合作中真正获得发展的，骨子里有的就不是经商的基因。

1 ［日］上田信：《海与帝国：明清时代》，高莹莹译，广西师范大学出版社2014年版，第426页。

但是，这并不代表中国商人没有影响力，只是他们不在我们通常的视野中而已。在清朝被西方冲击不得不开放通商之后，西方人发现，中国存在广泛的商会和行会，形成了很丰富的商业制度，这些商会和行会虽然与西方的有很大区别，却很有力量，导致西方人完全无法绕开中国商人进入中国市场。不仅如此，甚至连要进入东亚其他地区的市场，都不得不和中国商人合作。在19世纪下半叶，来自曼彻斯特的棉织品搭载英国商船到达上海之后，需要通过中国商人才能分销到中国内地、日本、朝鲜等市场。上海作为曼彻斯特和远东之间的一个交换枢纽，协调起来的并非是国家间的关系，而是一个庞大的民间贸易网络。[1]在西方殖民地上，华人的商业网络也是不可替代的。比如，在被荷兰统治的印度尼西亚，进口货物需要通过华人分销商才能到达当地普通民众手中，印度尼西亚人生产的出口产品也要经由华商渠道才能向外销售。再比如，海外华人掌握着整个东南亚的稻米市场，运营着从稻米收购、加工到海运出口的整个链条。[2]

这样一种网络覆盖能力是无法通过国家主导建立起来的，只能靠来自民间的自生力量。西方人抱怨，中国广泛存在的行会和商会“是高度权力下放、非常不透明的组织。‘我们在中国最糟糕

1 ［法］弗朗索瓦·吉普鲁：《亚洲的地中海：13—21世纪中国、日本、东南亚商埠与贸易圈》，龚华燕、龙雪飞译，新世纪出版社2014年版，第156—164页。

2 ［美］孔飞力：《他者中的华人：中国近现代移民史》，李明欢译，江苏人民出版社2016年版，第156、186页。

的敌人既不是官员，也不是被称为文人的含糊的群体。他们是我们自己的买办和前买办。’”[1] 这些行会和商会不仅仅存在于中国内地，还遍布整个东亚世界，其中有着大量的隐性知识。这些隐性知识是历史长期演化的产物，形成了一系列商业秩序，构成了社会生命力的基础之一。随着西方到来，新的多元竞争性政治空间出现，再加上西方现代经济的刺激，中国的传统商人秩序变得更有生机。

但是中国的这种商人秩序长期处于人们的视野之外。就算郑成功有如此之大的历史影响力，人们在他身上看到的通常也是民族大义，忘记了他能够坚持反清复明的前提是他拥有庞大的海上商业帝国。我们过于习惯从一种政治性的视角来解读历史，而屏蔽掉了很多别的视角。

与汉萨商人的历史相比，中国的海商有着自己的力量，却无法被看到。因为在强大的帝国政府的压制下，他们的力量很难转化为对商业空间和商人秩序的有效建构，经常是在政治空间中寻找夹缝。连夹缝都不易寻得的时候，海商的力量就会转化为狂暴的反抗。汉萨同盟针对丹麦国王也有强烈的暴力反抗，反抗的结果是商人秩序的自主性得以进一步确保；而中国的商人秩序未能获得历史机遇，以展示他们是否拥有这种建设性的能力。

1 ［法］弗朗索瓦·吉普鲁：《亚洲的地中海：13—21世纪中国、日本、东南亚商埠与贸易圈》，龚华燕、龙雪飞译，新世纪出版社2014年版，第157页。

— 贱民资本家 —

汉萨同盟中还有一个特别值得关注的角度，就是它的海外部分与本土部分的互构关系。在汉萨同盟之前，德意志的城市曾经组织过一些同盟，诸如莱茵同盟、士瓦本同盟等。汉萨同盟和它们的最大区别在于，它是一个国际范围的组织，“汉萨同盟是在国外（如在伦敦、布鲁日）的德意志商人所组织之各个联合体与国内组织之类似联合体的结合”。实际上，“汉萨”一词最初就是用来指代德意志商人在伦敦和布鲁日的团体的。1282 年，所有在英国的德意志商人联合成一个组织，来自莱茵地区的和来自波罗的海—北海地区的两拨德意志商人为了实现在异乡土地的共同目的，联合起来了。后来，吕贝克的努力让本土的德意志商人与海外的德意志商人联合起来。[1] 也就是说，汉萨同盟是从海外逆向地回溯

1 参见［美］詹姆斯·汤普逊：《中世纪晚期欧洲经济社会史》，徐家玲等译，商务印书馆 1992 年版，第 205—206 页。

到本土，实现海内外国际性联合的。

这一点更加凸显汉萨同盟是基于“人”的活动而聚合出更大的组织性机制来的。这些人有个特殊身份，就是他们是远赴海外寻找机会的人。这样一种身份，被一些学者称为“贱民资本家”（Pariah Capitalist）或“中介商少数民族”（Middleman Minorities）。[1] 此处的“贱民”并不是一种蔑称，而是马克斯·韦伯对一种特殊群体的称谓。这种群体经常有一种侨居性的身份或心态，他们是某种世袭性社会团体，在长期生活的地方没有自主的政治组织，但有着自己的礼仪和信仰。他们只在内部联姻，不与周边环境相融合。此外，他们通常在政治和社会上都处于一种劣势的地位，却在经济上有着特殊的影响力。[2]

我们最容易联想到的这种群体，是西方社会中的犹太人。但实际上，旅居海外的商人群体多半都处于这种状态，汉萨商人也是如此。

汉萨商人并不在海外旅居国追求规范性的政治权力，他们的精力主要放在商业上，有着一系列的商业原则。贯穿其中的两条原则是：内部平等，外部垄断。汉萨商人在各个汉萨城市中可以自由通行、经商，受到平等的保护，汉萨商站在海外争取到的特

1 关于贱民资本家的相关讨论转引自［美］欧爱玲：《血汗和麻将：一个海外华人社区的家庭与企业》，吴元珍译，社会科学文献出版社 2013 年版，第 9—15 页。

2 参见［德］马克斯·韦伯：《宗教社会学》，康乐、简惠美译，广西师范大学出版社 2005 年版，第 139 页。

权，也是为所有汉萨商人享有的。但是，汉萨同盟禁止成员与同盟外的商人结成商业伙伴关系，也禁止成员与同盟外的人通婚，否则，成员就会丧失各项权利。任何不是依照汉萨法律而逮捕了同盟成员的地方，都不得与同盟城市进行贸易。汉萨同盟的这一系列对盟外人员的歧视性原则，可以提高同盟内部的凝聚力和认同感，提高内部信用值，降低同盟内部的交易成本，从而换来商业上更大的成功。

对于旅居地的君主来说，他们需要有贱民资本家作为自己的“白手套”——干脏活儿。反过来，贱民资本家即便因此获得经济力量，也没有政治能力对抗君主，因为他们在本地没有力量基础。所以，君主更愿意扶持这些人，给予他们特定的商业权利。“在许多早期文明中，商人都是外人，他们帮助当地的统治者从平民百姓中榨取税收，为其获取利润。……利用外商群体，政府也能够在本国民众中维持更大的掌控权。”[1]

进一步分析还可以看到，传统社会是一种相对固定化的社会，差不多每个人在社会中都有自己的固定位置。外来的贱民资本家则处在一种失范的空间中，他们无法被清晰地安置在某一个明确的位置上。但这种失范正是君主可以给他们司法自治权的前提之一：允许他们司法自治，不至于扰乱规范的社会秩序，反之，则

1 ［美］欧爱玲：《血汗和麻将：一个海外华人社区的家庭与企业》，吴元珍译，社会科学文献出版社 2013 年版，第 10 页。

有可能令清晰的社会边界变模糊。因此，在固化的社会秩序中，只有这种处于失范地带的人群才有足够的流动性，推动商业的发展。

可以说，中世纪的商业是以贱民资本家为主运转起来的，而现代早期的商业社会也是在贱民族群—贱民资本家的刺激下发展起来的，最终，现代政治革命就是贱民族群追求自身的利益与价值被承认的过程。因此，被侮辱的和被伤害的、被利用的和被遗忘的贱民族群，反倒是赋予现代世界活力的真正基础。

这种情况也出现在东亚海上世界的华人群体身上。近代以前，各个地方的统治者会任命侨居华人为自己理财，代表本邦去往中华帝国进行朝贡贸易等；到了近代，西方殖民者统治了南洋地区之后，也会在经济层面着力扶持当地的华人。对于殖民者来说，华人吃苦耐劳，经营经济的效率远高过当地人，而且华人在当地没有任何社会根基，随时可以被抛出来作为替罪羊，转移当地人对殖民统治的不满。因此，华人在东南亚有着巨大的经济影响力，却没什么政治地位，经常要面对各种排华的风潮。同时，在大清帝国与殖民帝国这两重政治秩序下，海外华人的商人秩序更处在一种被遮蔽的状态。

— 国家秩序与商人秩序 —

回顾近代历史，我们会发现一种吊诡的现象：贱民族群带来了现代世界的活力（这里说的贱民族群是一个更广义的概念，指欧洲传统社会中各种边缘性群体），但也正是这种活力终结了汉萨同盟这种商人秩序的辉煌，并在相当程度上遮蔽了商人秩序。这种遮蔽不仅仅发生在古代中国，还比较普遍地发生在建立起强国家的地方。

在近代以前，欧洲处在原初意义上的封建社会，接近中国东周列国时的状态。我们今天所说的英国、法国、德国之类的国家，都还没有出现。各国国王类似于周天子，只是某片土地上的名义共主，实际上根本管不了手下的诸侯贵族。国王手下的贵族还可能通过各种复杂的联姻关系或继承关系，同时担任别的土地上的领主，对别的君主也有效忠关系。如果这两个君主发生冲突，贵族会站在哪一边，就很不好说。还有一系列古代中国根本就不存在的复杂要素，会对欧洲国王们的意志构成各种掣肘。诸如神圣罗马帝国的皇帝提出的效忠要求，罗马教皇提出的效忠要求，遍布各处的教会领地提出的要求，贵族们组成的议会对君主税收权力的约束，贵族们组成的高等法院对君主颁布法律权力的约束，领地的夹缝处发展出来的向君主购买特权的城市，等等。中世纪欧洲的政治—权力主体极为多样和复杂，其间就有了大量空隙，使得类似汉萨同盟这样的商人自治秩序可以成长起来。

空隙中还有典型的贱民族群——犹太人，他们在贵族们不屑经营、认为有辱身份的金融业中发展起来，逐渐成为巨富。在这个过程中，他们发展起一系列金融技术和贸易技术，再加上北欧、南欧的商人们发展出的各种海商法，让地理大发现之后的远洋贸易得以大规模可持续地展开。

实际上，早在9—10世纪的时候，北欧的维京人就已经发现了北美。之后几百年中，时不时就有北欧人航行到北美。但这些航海发现并没有变成地理大发现，是因为维京人的航行背后没有大规模的远洋贸易作支撑。没有大的物资交换和人口流动，远航就不能对欧洲传统社会形成深刻冲击，航行到北美就仅仅是个偶然性事件，无法获得历史意义。但是在犹太人及南北欧各种商业城邦发展出金融、贸易和法律技术之后，哥伦布的地理大发现终于有机会从本质上改变欧洲的社会秩序，改变人类的历史。

边缘性群体在这里又起到了重要作用。大航海时代，远洋航行是件风险非常高的事情，船员死亡率经常在一半以上，选择去海外冒险的多半是传统社会中的失意者。这些边缘性群体—贱民群体在既有秩序中丧失了机会，索性以生命为抵押放手一搏。虽然很多人都失败了，但是一部分成功的人带回了巨额财富，改变欧洲社会的力量正蕴含在这里面。

那些空有名头、没有实际控制力的君主一直想要击败手下的诸侯贵族，在领土上形成统一的政治统治，但一直做不到这一点。这是因为，君主能支配的军事能力往往敌不过大贵族。中世纪的财富形式主要在于土地、庄园。这就意味着，直属领地的规模大致可以兑换成领主的军事能力。君主的直属领地并不比大贵族的领地大，能支配的军队规模自然比不过大贵族的，也就没能力击败他们。

但是，远洋贸易带来一种全新的财富形式——成功的商人可能一寸土地都不占有，却能积累起巨额财富。君主们发现了这笔财富，便向商人们借款，用借来的钱去瑞士等地找雇佣兵，总算能击败诸侯贵族将领地统一起来了。法国在这方面最为典型，我们可以把这一过程大致理解成，法国国王本来处于周天子的状态，但在经历若干代之后，他逐渐找到办法削平诸侯，一统天下，成了秦始皇。

欧洲主要国家陆续进入这种统一状态后，过去那种政治—权力主体之间的空隙逐渐被挤压掉了。汉萨同盟这样的商人秩序虽然可以制衡中世纪的那种弱势君主，但是没有能力对抗这些新出现的强势君主，遂逐渐退出了历史舞台。

与此同时，一些新类型公司开始浮现出来，诸如东印度公司之类的特许公司。这些公司塑造的不是过去那种纯商人秩序，它们在某种意义上是国家用来达成政治目标的商业手段。这些公司被授予各种垄断经营的特权，交叉使用商业、军事、政治等手段去海外开拓，发展起辽阔的殖民帝国。这些特许公司在亚洲建立起殖民地，其中的白人虽然也是移居来的少数群体，却能通过枪炮在当地建立起自己的军事控制。这些人在欧洲可能是边缘人群，但到了亚洲之后能直接成为统治者。特许公司的商业属性在相当程度上被政治属性吸收，这和汉萨城市或商站大不相同。所以，这些新类型公司的兴起，也让政治秩序逐渐遮蔽商人秩序。

更深刻的遮蔽在法国大革命之后到来。

在大革命以前，除了个别的宗教性高光时刻（比如宗教改革时加尔文在日内瓦建立的神权统治），各大文化圈的人都普遍认为政治秩序的正当性来源于传统。传统是由人类在漫长的历史中面对各种挑战时产生的适应性策略逐渐演化累积而成的结果，是基于人的活动而成的，给各种自生秩序留下了相当充分的空间。商人秩序因此获得了成长的空间，并能够得到相应的政治承认。

可法国大革命把正当性的来源给颠倒过来了。在它看来，传统只不过是人类的贪婪、愚昧、自私的各种堆积，配不上人类这种理性的动物。人类应该建立一种符合理性的秩序，而最符合理性的秩序，就是人们进行自我统治，而不是被他人统治，这就是人民主权论。

紧跟着的问题是：拥有主权的“人民”是谁？“人民”需要满足两个条件。一个条件是，“人民”需要是内部均质性的，否则，咱们彼此都不一样，凭什么要一起过？但人与人之间的差异是现实存在的，不能视而不见，因此就必须找到超越这些个人之上的共性。只要在那个意义上，人们是均质化的就够了。另一个条件是，“我们”这个“人民”和其他人群之间应该是异质性的，只有这样，才能说清楚为什么“我们”不跟“他们”一起过，也不应该让“他们”分享“我们”的政治权力。

现实中，“我们”内部是有差异的，“我们”与“他们”之间往往又有很多共性。但如果承认这些，“人民”这个公共身份就无法构造出来了，所以需要一种新的意识形态叙事构造出“我们”的共性，以及“我们”与“他们”的异质性。如此构造出的“人民”，其内涵逐渐演化为“民族”（nation），其意识形态发展为“民族主义”。[1]

---

1 ethnic 和 nation 在汉语中都被译为“民族”，并引起了很多误解。ethnic 指的是因为文化、传统等差异形成的族群性差异，但这种差异并没有政治性意涵，并不指向政治上的独立，所以今天经常又把它译为“族群”；而 nation 所指的是一个要自我治理的人群，里面包含着强烈的政治性意涵，要求政治上的独立。用中国的例子来说，汉族、满族这些族群应该是 ethnic，中华民族才是一个 nation。通常所说的“民族主义”，其中的“民族”就是 nation 意义上的。

因此，“民族”就是借助“民族主义”这种意识形态构造出的“想象的共同体”。民族主义可以极大地强化内部认同感，以及对外的差异感，进而带来强大的政治动员效力。所以，民族主义很快就成为现代政治中一种影响力巨大的叙事逻辑。政治问题是民族主义的首要诉求，而政治共同体的基础就是区分“自我”与“他者”。在民族主义的叙事下，“他者”经常会被构想成一个不可被穿透的致密体，是与“自我”截然相异的存在。这种意象构造得越成功，民族主义的动员效力就越强——一种滚雪球式的效应就出现了。

欧洲各国在 19 世纪后期都越来越强化这种民族主义叙事。在国民教育和公共宣传中，人们会不断看到“我们”的优越之处、“他们”的卑劣之处，以及“我们”与“他们”之间的本质性差异，世界秩序也就越来越被理解为一系列致密体互相冲撞、难以妥协的状态。真实世界的运作逻辑被这种叙事遮蔽，各种在现实中穿透国界的商人秩序从人们的视野中消失，对于具体的“人”的观照也被排挤到后台去了。我们在前面讨论过的以政治秩序笼罩一切的封装式思维，就在这个过程中出现，并不断地被强化、精致化。

之所以会走上这条路，是因为如果商人秩序被突出得过多，微观层面上“人”的具体活动被真实讲述，致密体的神话就会破灭，这和民族主义诉求的国家秩序是背道而驰的。而民族主义叙事的末路狂奔，带来了世界大战。

我在第五章讲过，一战后，各大战胜国在凡尔赛和会上仍然以一种民族主义的思路来安排战后世界秩序，无视各国在经济上已经极为深刻相互依赖的现实，凯恩斯的天才预言被淹没在一片喧嚣之中。我们已无法知道，战胜国的领导人做出那种灾难性的选择是仅仅出于机会主义的选票考虑，还是他们自己也被困在封装式思维里——不仅给民众戴上了民族主义有色眼镜，还让自己也无法看清世界，以至看不到凯恩斯明明白白指出来的东西。

在东亚世界，这种状况发生了更复杂的演化。东亚原本就有强政府的传统，政治秩序遮蔽着甚至污名化着商人秩序。随着西方殖民扩张，东亚世界也开始了艰难的反抗过程。为了能够更有效地实现内部动员，东亚各国纷纷引入民族主义。随着反抗运动和战争的激烈程度不断上升，民族主义情绪也越发强烈。于是，政治问题成为压倒性的首要问题，商人秩序遭到了本地政治与反霸、反殖政治的双重遮蔽。

在这种情况下，郑成功的海商面相就被遗忘掉了，民族英雄的面相被不断凸显，因为这样才符合民族主义的叙事构造需求。数百年来东亚世界形成的庞大商业贸易网络也被遮蔽掉了，只剩下殖民与反殖民对抗这一历史过程。冷战时期，意识形态对抗更是超越了一切，对国家秩序的强调进一步遮蔽了商人秩序。

在这种叙事逻辑中，被凸显出来的这些政治性面相当然都是历史的真实侧面。但如果它们被抽离出一个更加完整的意义框架，侧面便有可能沦为片面，这是我们在今天必须反思的。

技术与经济逻辑的演化让我们在今天的反思有可能超越单纯的观念推演，在对现实的观察中发现更深刻的历史过程。中世纪的政治秩序与商人秩序是并行的，而商人的发展催生了现代国家，导致近代以来强大的政治秩序遮蔽了商人秩序，封装式思维笼罩了一切；国家在彼此对抗中刺激着技术和经济的持续发展，到当代终于让经济空间和政治空间开始分离。到了这一步，一个新的历史循环很可能就要展开，商人秩序会从政治秩序的遮蔽当中走出，再次走到历史的前台。

— 从东亚汉萨同盟起步 —

商人秩序再次走到历史前台的动力机制在于技术、公司组织以及各种生产流程对于国界的穿透，本章的开端已经对这些问题做了详细的分析。在本章，也是全书的结尾处，我们也许可以畅想一下，新的商人秩序的基本原则和落地逻辑可能是什么样的。[1] 这是个非常大的问题，要想对它进行有效讨论，需要足够多的人参与进来。我在下面的讨论只能是个较为粗糙的论纲，对它最大的期待就是能够把问题域打开，以这个论纲作为靶子，激发更多人的共同探讨。

这种新的商人秩序应当通过一种商人自治的组织呈现。通过对汉萨同盟历史的大致梳理，我们会发现商人自治组织的一些基

1 本节后面的讨论，深受与“大观”小组诸位同人讨论的启发，尤其是与于向东、刘庆彬、张笑宇、李筠、周林刚等几位的讨论，让我收获尤多。

本逻辑。所谓自治，意味着必须要有制定自我治理规则的能力，要有判断及执行规则的能力；对新的商人自治组织来说，还必须恰当安置它与主权国家之间的关系。

那么，就此我们可以提出一些具体的基本原则。

第一，跨国运作的各种公司应该形成一种联合机制，在既有的国际经济治理已经失效之处，发展出自治性的组织，我姑且称之为“商会同盟”。同盟中需逐渐商谈、演化出可被普遍接受的行为规则。实际上，相关方面的行为规则已经有不少，但它们并未获得自觉，也就无法被系统化地整合为一个体系，而更多地作为零散、偶然性的存在。未来，各种公司、商人应该朝向这样一种同盟及“规则自觉”的方向迈进。

第二，这个商会同盟应该设立执行委员会和仲裁机制。之所以设立的不是司法机制，是因为商会同盟无法拥有强制执行权，否则它就变成某种意义上的国家了。而仲裁无须强制执行，只是提供第三方裁判权，从而为争议双方提供一种正当性的判准，商会同盟就可以完成这种工作。这和瑞典的斯德哥尔摩商会仲裁院的功能有些类似，但商会同盟很可能会基于新的技术和经济逻辑发展出一种新的仲裁机制。争议双方应自动履行仲裁裁决，如果有一方拒绝履行，商会同盟的执行委员会便有权发出警告、进行罚款，乃至将其开除出同盟。

第三，开除出同盟之所以会有实质威慑力，应当是因为同盟资格会为成员带来一系列商业上的好处。包括在同盟内更便捷的融资渠道、更低的交易成本，以及对用户而言更高的品质和信誉的象征——最后一点尤为重要。对品质和信誉的追求应当是商会同盟的道德基础所在，只有具备了道德基础，同盟本身才是可持续的，对于同盟外成员才是有吸引力的。由此，商会同盟可能是新的技术条件下新的商业伦理的孕育之所，它可能会发展为一个商业—伦理共同体。

第四，商会同盟可以通过一系列制度设计，形成资本额与投票权之间的比例关系，从而克服现有多边组织中权责不对等的困境。由于商会同盟的伦理性出自实践世界中商人自治的过程，而且会通过仲裁机制不断自我净化，可以克服现有多边组织中价值观不连贯的困境。如此一来，商会同盟便应具有一种中立性。

这种中立性对于国际秩序有着至关重要的作用。因为在今天有大量的国际政治争端实际上源于国际经济争端，但封装式思维让人往往看不到这一点。商会同盟天然地能够穿透各种边界，直击这类问题的本质，并提出足够中立、从而具有道德可信性的解决方案。所以，商会同盟不仅对各个国家、各种组织提出的一系列诉求应该是保持中立的，甚至对商人追求利润的冲动也应是保持中立的。这实际上会形成一种商人自治的道德诉求，这种诉求还会对跨国大公司基于国际税务漏洞等机制而获得的各种不对称竞争优势形成相当程度的抑制。

第五，商会同盟提供的种种规则和仲裁机制，不应该、也无法是对现有的主权国家主导的各种机制的替代，而应是在不同维度和层次上的开创。当然，它们之间会有不少交叉重叠的部分。在这些部分，双方的规则和机制也不应是替代性的关系，而应该是一种竞争性的关系。这有些类似 12 世纪亨利二世在英国进行的普通法改革，他在传统的贵族司法系统之外设立了一套国王司法系统，两套系统彼此竞争，民众可以自主抉择到哪套系统去进行诉讼。这种竞争关系让两套司法系统不断从各种层面上努力优化自己的公正性，形成了一种良性状态。

这样一种商会同盟，姑且可以被称为“新汉萨同盟”，它是在新的时代条件下，商人秩序重回历史前台的一种可能性。与几百年前的汉萨同盟相比，它可能在以下几个方面体现其“新”。

（一）时代新。它出现在新的技术条件和新的经济逻辑下，不是在政治秩序的夹缝处生长出来的，而是现实环境的需求驱动出来的。因此，它不会和国家在同一种空间秩序中产生竞争，而是直接进入另一种空间秩序。

（二）样态新。汉萨同盟要打造的是一种“内部平等、外部垄断”的商人秩序，新汉萨同盟要打造的则是一种竞争性的商人秩序。同盟成员对于非同盟成员的优势不是通过垄断贸易形成的，而是通过信誉与品质的竞争性优势而实现的。

（三）机制新。新汉萨同盟形成的组织机制，应该匹配第四次工业革命的信息技术所需求的分布式组织结构。这样一种组织结构正适合基于自生秩序的商人世界来发展，而不适合基于集权秩序的政治世界来发展。

（四）方向新。新汉萨同盟的中立性特征，使那些根植于国际经济问题的国际政治争端可以获得新的、有道德可信性的解决方案。在这个意义上，新汉萨同盟会以更深刻的方式回应经济空间与政治空间的错位问题，为很多目前看起来似乎无解的国际政治问题提供新的出路。新汉萨同盟很有可能成为人类未来秩序逻辑的一个重要探路者。

基于这一系列构想，再来看“亚洲地中海”世界，我们会发现其中的东南亚部分有一种非常有趣的特性。东南亚并没有强国家的传统，相反，它长期具有强商人秩序的传统。商人可能来自各个地方，在今天，尤其是来自“亚洲地中海”周边。在东南亚，国家只是秩序生成过程的参与者之一，甚至不一定是主要参与者。所以，东南亚地区的国家秩序天然是多孔化的结构，[1] 这种多孔化结构也就天然适合新汉萨同盟的出现。

---

1 “多孔化”的概念援引自［美］彼得·卡赞斯坦：《地区构成的世界：美国帝权中的亚洲和欧洲》，秦亚青、魏玲译，北京大学出版社 2007 年版，第 20 页。书中提到，“全球化和国际化使得当今的地区（指诸如东南亚、西欧这种意义上的地区——笔者注）成为多孔化地区。就效果而言，全球化具有变革性，国际化具有渐进性。国际化和全球化的互动加强了地区的通透性，打破了地区的封闭”。

以东南亚起步的新汉萨同盟可能还没有实力迅速覆盖太大的区域，但是它应该有能力覆盖“亚洲地中海”地区，在这个意义上，可以称其为“东亚汉萨同盟”。我们会发现，东亚汉萨同盟的覆盖区域刚好和全球制造业秩序的中心区域高度重合，这一区域因此有一种内在的动力机制去发展该同盟。而我们在东南亚看到的来自各个国家的人，他们的辛勤工作和创业在微观层面上构成了整个制造业供应链网络的基础，构成同盟运作的基础。

东亚汉萨同盟可能是由东亚世界的大企业家、大商人们共同推动建立起来的，但其起点可能是在东亚地区传统上的“帝国边缘”地区——东南亚。咨诸历史可以发现，“帝国长期屹立的秘密似乎是：当帝国陷入危机或衰落时，要么是边缘拯救了帝国，要么是边缘让帝国恢复活力。只有帝国外围地区具有强烈的帝国归属感，而且相信帝国的崩溃给它们带来的害处多于益处，它们才会愿意而且有能力拯救帝国或使之恢复活力”。[1] 这样一种“归属感”能否出现，相当程度上取决于东亚地区的主要国家——中国和日本是怎样一种姿态。中、日两国的商人群体如果能在东亚汉萨同盟的事情上发展出共识，事情就有了进一步前进的可能性。

商人自治的法律空间需要物理空间作为载体，商人们才能真

1 ［美］赫尔弗里德·明克勒：《统治世界的逻辑——从古罗马到美国》，阎振江、孟翰译，中央编译出版社 2008 年版，第 56 页。

正活动起来。这种物理空间不可能仅仅局限在东南亚这种“帝国边缘”，在“亚洲地中海”较为核心的地区——也就是中国、日本、韩国等国，也需要找到这种物理空间。但这些核心地区都有着强国家传统，不是东南亚那种天然的多孔化地区，这种物理空间便必须是在国家意志的配合下才能够形成——这就有些类似于中世纪汉萨同盟的商人们在英国寻求君主授予贸易特权的过程。

国家意志的这种配合，从法理上来说，仅仅是一种商业性行为，并不涉及宪法问题。构想继续推演的话，我们会发现这种商业行为实际上是有现成的空间可用的。从 2013 年 9 月到 2019 年 8 月，中国已经批准了 18 个自由贸易试验区，形成了东西南北中协调、陆海统筹的开放态势。在这些自贸试验区的物理边界内还可以再划出若干小块地，并可以请日本、韩国以及其他环“亚洲地中海”国家也在其境内特定地方划出若干小块地，这些土地便构成东亚汉萨同盟所需要的物理空间——就如同中世纪汉萨同盟在海外设置的商站。

这些土地构成的物理空间，在法律上可以被暂且称为“共同市场区”，它们分布在环“亚洲地中海”地区的各国境内。“共同市场区”的各地块间实行完全的自由贸易。

加入“东亚汉萨同盟”的商人们基于一定标准，可以获得共同市场区的一种特殊身份证件，基于这种身份，他们在“共同市场区”内的各块土地上可以自由流动，不受通常的签证和移民政策的限制。这些商人基于常驻原则以及纳税额原则，可以在“共同市场区”内的特定地块上拥有票选权，票选出该地块的市政委员（候选人身份限“东亚汉萨同盟”商人），各地块的市政委员中再遴选出若干人，形成“共同市场区”的执行委员会。

在“共同市场区”内，商人自治的法律、仲裁和执行等机制会逐渐地磨合演化出来。法庭和仲裁委员会的人选，则不限于“东亚汉萨同盟”商人。在民事法律上，“共同市场区”内适用这些商人自治法律，不受地块所在国的法律管辖；刑事案件则依照属地或属人原则，移交“共同市场区”以外的国家法庭审理。“共同市场区”内设置专门的权限法庭，用来裁断民、刑事案件的区分边界，以及裁断具体的刑事案件究竟应该依照属地还是属人原则来移交，从各种争议性案件的判例中逐渐厘清所应遵循的原则。

……

以上构想我们可以继续推演下去，各种原则和方案可以列得很长。如果有足够多的人参与进来一起讨论，一定可以开出更富想象力的构想。随着技术和经济逻辑的不断演化，我们正进入一个大颠覆时代。这种时代的前景，正是通过各种奇思妙想铺就出来的。

在为写作这本书而做的东南亚调研之旅中，在为写作这本书而展开的思想实验之旅中，我们见证了太多激动人心的事情。

在未来，也许我们有机会继日本的亚洲故事和中国的亚洲故事之后，再看到正在演进中的东南亚的亚洲故事。从根本上来说，这个故事不是东南亚的故事，而是在东南亚的特殊处境中，让整个亚洲焕发新的活力的故事。它不会是一个属于辉煌事功的政治—军事“帝国”，它会是真正属于“人”的不那么耀眼但足够温润的“帝国”。

这样一个明天，相当可期。

后　记

这本书的写作，缘起于罗振宇、脱不花约的一个饭局。2019年3月的一天，他俩约我吃饭，罗振宇说他打算把跨年演讲打造成一个平台，更多呈现老师们的研究，问我是否愿意担任其中一个版块的主持人。当时我正密切关注中美贸易摩擦和中国制造业向越南转移的状况，便提出，如果得到App愿意支持我做这方面的研究，我就可以接受邀请。双方一拍即合，随即我就展开了长达大半年的调查研究。

正当我琢磨怎么切入研究的时候，偶然看到网上的一篇文章，讲的是中国一系列在特定细分领域里牛气冲天的小镇。其中就有徐小平先生的家乡——被誉为“世界提琴之都”的（江苏省泰兴市）黄桥镇。于是，在爱道思人文学社小院的昏黄灯光下，我用一瓶红酒换来了徐小平讲述的何彬先生的故事，这个故事迷人极了，还让我看到了研究的一个切入点。所以，我的调研就从“世界提琴之都”开始了。

徐小平先生推荐了好友张明先生、赵晋成先生，还有自己的妹妹徐燕女士，他们共同接待了我们到泰兴的调研。他们为我们介绍了很多访谈对象，有李书、吴建新、吴曾荫、丁沛、赵俊臣、刘鹏凯、台德成、丁克处、钱富民等多位朋友（以接受采访的时间先后为序）。和这些人的访谈让我对中国改革开放以来的经济成长有了更多理解。

之后，我进一步组建研究团队，并着手寻找进入越南的资源。对外经济贸易大学的刘庆彬教授帮了大忙，他在日本留学时读的是发展经济学专业，有很多来自东南亚的同学。刘庆彬教授充分调动起自己在日本留学时的资源，迅速接洽上了越南的一系列研究机构和贸易组织；同时又通过自己的朋友储瑞金，带我们认识了上海外国语大学的冯超老师，以及上海正策律师事务所的徐银凯律师和张斌律师。上海正策律师事务所已经在越南河内设立了分所，张斌律师在越南有着多年的耕耘经验，对越南有着深刻的理解，建立了丰富的人脉网络。两位律师不光帮我介绍了越南的大量采访资源，还不辞辛劳地陪我们在越南做了多次现场访谈，对我们研究的帮助极大。

这个研究不应是单一学科的研究，而应有经济学、政治学、历史学、社会学、人类学等跨学科的视野，才能够把问题域充分地打开。因此，我便邀请了一系列相关学科的学者共同参与调研和讨论，感谢刘庆彬、张笑宇、王剑利、齐群、杜一鸣、张萌等朋友的鼎力相助，没有和他们的持续高密度讨论，这本书是无法完成的。尤其要感谢张萌，她除了参与我们的调研和讨论之外，还不辞辛劳地帮我们安排一切行程。每次外出调研，我们每天都是从早九点出门到晚十点才回到酒店，中间几乎一点休息时间都没有。如果没有张萌的悉心安排，以及她对调研材料的细心整理，这本书也是无法完成的。

出发去越南之前，云南大学的李晨阳老师召集了校内多位东南亚研究专家，我和研究团队的伙伴们与这些专家做了讨论。这帮我们打开了思路，修正了调研方案。之后，我在北京拜会了很多朋友，黄节先生、张宏江先生、何菁先生都把各自在越南以及珠三角等地的朋友介绍给我。随后，我到深圳拜访了瑞声科技的江南先生，他帮我协调去瑞声在越南的工厂做调研的事情。我还去拜访了 TCL 集团，闫晓林先生和廖骞先生接待了我，并给我介绍了刚好回国出差的 TCL 越南工厂的负责人温志兴先生。深圳拓邦公司的刘天喜先生也接待了我们，并将拓邦越南分公司的负责人陈德义先生介绍给我。

到了越南之后，温志兴、陈德义以及胡志明市中国商会会长赵骞先生对我们的帮助极大，他们是帮我们打开越南更多人脉的几个关键性人物。可惜的是，由于调研的时间有限，我们未能对他们几位以及他们的公司在越南的故事进行深入挖掘，希望以后有机会能够弥补。

在越南期间，我们拜访了大量的企业，采访了大量的人，听到了大量有趣的和令我感动的故事。篇幅所限，无法一一讲出他们的故事，只能把他们的名字列在这里一并致谢（以接受采访的时间先后为序）：感谢范玉红、李广哲、北川浩深、陈旭、汪洋、高雅、张守江、张锐、蔡莉、龚书熊、沈春良、真嶋翔大、Minh、曹振华、任泽忠、雷祖旋、王奕谋、彭子豪、廖子权，还有多位不愿透露姓名的朋友。这些人都欣然接受采访，把他们的所知、所感坦诚地告诉了我们，没有他们，就没有本书的丰富内容。

在越南做了大量访谈之后，我们又到新加坡，从资本秩序的角度进行了一些访谈。感谢 Pieter Kemps、Joy Cham 对我们的信任，他们提供的信息帮我们验证了之前的很多假想。遗憾的是，由于篇幅所限，在本书中未能把从他们那里获得的更多内容呈现出来，只能在这里表示感谢。

从东南亚回来之后，我觉得对珠三角与越南之间的制造业关联有必要进行再一次的深入挖掘，于是又通过从越南调研获得的信息，回溯到珠三角的供应链网络当中进行调研。这一次的调研幸亏有陈志军先生帮忙，让我们有机会深入了解东莞制造业的发展历程。通过陈志军先生的引介，我们采访到了多位人士，他们给了我们极大的启发，但基本上都不愿意透露姓名，我只能在这里一并表示感谢。

离开了珠三角，我们又去到中越边境第一大陆地口岸广西凭祥进行调研，赵骞先生把他的朋友何加继先生推荐给我们，我们从那里又获得了关于中越之间贸易的更鲜活的一手资料。

结束了一系列访谈之后，我与已经并肩研究10多年的“大观”学术小组的朋友们做了更多深入探讨。一系列更加有价值的思路，尤其是最后一章关于新汉萨同盟的思考，也在此过程中打开了。感谢这些朋友。当然，文责自负。

在本书即将付印的前两天，我还有了意外的收获。根据本书底稿改写而成的得到App音频课程“中国制造报告20讲”上线后，用户的反馈非常多，提供了大量极为有趣的案例，让我收获巨大。尤其重要的是，有用户提出了我在课程中的一个瑕疵，我迅速地把用户的建议添加在了书稿的脚注中，但在正文里保留了原有的瑕疵，让这本书呈现出更强的现场感和互动感。

我在本书的最后一章谈到，随着技术和生产逻辑的变迁，经济空间与政治空间日益分离。这一次的写作经历让我更为深刻地感受到网络时代作者与读者之间边界的模糊化。此前我能够想象网文的作者会是这样的一种创作方式，但我自己也很意外地小小体验了一次，不啻为这次研究给我的又一份惊喜。

这样的一种边界模糊化，让我能够隐隐地透视到未来。感谢你们。

施展

2019年平安夜，于北京